汽车钣金喷漆
一本通(全彩图解)

陈甲仕 主编

·北京·

内容简介

本书针对汽车钣金喷漆从业人员实际操作编写而成，内容涵盖汽车钣金喷漆的方方面面，重点介绍汽车钣金喷漆的基础知识和操作技能，内容贴近实际工作场景。本书选取了大量的实物图，易学实用，通俗易懂。

本书可供从事或准备从事汽车钣金喷漆的广大读者学习使用，也可供相关汽车院校师生作培训的辅导用书。

图书在版编目（CIP）数据

汽车钣金喷漆一本通：全彩图解/陈甲仕主编. —北京：化学工业出版社，2021.10（2023.11重印）
ISBN 978-7-122-39654-9

Ⅰ．①汽⋯　Ⅱ．①陈⋯　Ⅲ．①汽车-钣金工　②汽车-喷漆　Ⅳ．①U472.4

中国版本图书馆CIP数据核字（2021）第155658号

责任编辑：陈景薇　　　　　　　文字编辑：冯国庆
责任校对：宋　夏　　　　　　　装帧设计：韩　飞

出版发行：化学工业出版社
　　　　　（北京市东城区青年湖南街13号　邮政编码100011）
印　　装：涿州市般润文化传播有限公司
710mm×1000mm　1/16　印张 $10\frac{3}{4}$　字数184千字
2023年11月北京第1版第4次印刷

购书咨询：010-64518888　　　　售后服务：010-64518899
网　　址：http://www.cip.com.cn
凡购买本书，如有缺损质量问题，本社销售中心负责调换。

定　　价：68.80元　　　　　　　　　　　　版权所有　违者必究

前言

随着我国汽车工业的迅猛发展，汽车钣金喷漆服务行业前景广阔，市场需求越来越大。为此，我们从初学者的角度出发，根据实际的岗位需求，特意编写了本书来满足汽车钣金喷漆工的学习需要。

本书系统全面地介绍了汽车钣金喷漆技术，是一本适合与汽车钣金喷漆相关的从业者或职业学校师生用的操作指导书，内容涵盖汽车钣金喷漆的方方面面。全书分为七章，共二十二个项目进行阐述，主要覆盖钣金喷漆设备及工具认识、汽车车身结构及拆装、汽车钣金件的拆解与焊接、钣金件修复技巧、车身覆盖件的修复、车身结构件及事故车的修复、汽车喷涂。本书根据车身修复的流程进行内容编排，重点介绍了汽车钣金喷漆的操作技巧和要领。

本书在编写过程中以行业规范为基础，注重理论知识和实操性相结合，充分发挥彩色图解的特色，以全程图解的形式将内容呈现给读者，做到易学实用、通俗易懂，能够学以致用。本书可供从事或准备从事汽车钣金喷漆的广大读者学习使用，也可作为相关汽车院校进行操作培训的辅导用书。

本书由陈甲仕主编，参加编写的人员还有朱其福、陈柳、黄容。在本书编写过程中，得到了许多汽车钣金喷漆企业以及广大技师朋友的大力支持和协助，在此表示诚挚的感谢！

由于编者水平有限，书中难免有疏漏之处，恳请广大读者批评指正，以便再版时补充完善。

编　者

目录

| 第一章 | 钣金喷漆设备及工具认识 | **001** |

项目一　钣金设备及工具　002
一、认识钣金设备的类型及作用　002
二、认识钣金工具的类型及作用　009

项目二　喷漆设备及工具　016
一、认识喷漆设备的类型及作用　016
二、认识喷漆工具的类型及作用　018

| 第二章 | 汽车车身结构及拆装 | **026** |

项目三　车身的结构概述　027
一、车身的特点与结构形式　027
二、车身的组成结构　030

项目四　车门构件的更换与调整　031
一、车门的组件　031
二、车门的拆卸/安装　033
三、车窗玻璃及调节器的更换　036
四、车窗玻璃的调节　037
五、车门窗装饰件的更换　038

项目五　保险杠更换调整　041
一、前保险杠的拆卸/安装　041
二、后保险杠的拆卸/安装　043

项目六　发动机盖相关部件调节与更换　044
一、发动机盖的调节　044
二、发动机盖锁控制拉索总成更换　045
三、发动机盖拉手的更换　047
四、发动机盖锁闩的更换　048

项目七　车身前部翼子板更换　049
一、车身左前部翼子板更换　049
二、车身右前部翼子板更换　050

项目八　车身玻璃的更换　051
一、前风窗玻璃的更换　051
二、后风窗玻璃的更换　054

第三章　汽车钣金件的拆解与焊接　056

项目九　汽车钣金件的拆解　057
一、钣金件的切割　057
二、钣金件点焊的拆解　059
三、铜焊的拆解　061
四、前支柱与后围侧面板的拆解　061

项目十　汽车钣金件焊接　063
一、汽车钣金件焊接概述　063
二、CO_2 气体保护焊　064
三、电阻点焊　069
四、氧-乙炔焊　072

第四章　钣金件修复技巧　　076

项目十一　汽车车身修复技巧和方法　　077
一、车身伤痕的修复方法　　077
二、车身凹凸的修补技巧　　078
三、撑拉法修复技巧　　079
四、车身锈蚀的修理技巧　　080

项目十二　车身表面坑和包的检查与修复　　083
一、车身表面坑和包的检查　　083
二、车身表面小坑的修复　　085
三、车身表面漫坑的修复　　087
四、车身表面死点坑的修复　　088
五、车身表面小包的修复　　089
六、车身表面漫包的修复　　090
七、车身表面尖包的修复　　091

第五章　车身覆盖件的修复　　092

项目十三　车身覆盖件的修复概述　　093
一、车身覆盖件的结构特点　　093
二、车身覆盖件的修复方法　　093

项目十四　车身覆盖件修复技能　　094
一、敲击整形修复钣金件　　094
二、拉出凹陷整形修复钣金件　　096
三、表面收缩整形修复钣金件　　096
四、钣金件皱褶的展开修复　　097
五、火焰加热修复钣金件　　099
六、无痕修复车身凹陷　　100

| 第六章 | **车身结构件及事故车的修复** | **103** |

项目十五　车身结构件校正修复　104
一、车身结构件校正理论知识　104
二、车身结构件校正修复操作技巧　105

项目十六　事故车钣金件的修复　106
一、前部碰撞的修复　106
二、后部碰撞的修复　108
三、车身侧面碰撞的修复　109
四、翼子板碰撞的修复　110
五、车顶损坏的修复　111
六、铝车身的修复　112
七、塑料件损坏的修复　116

项目十七　事故车钣金件的更换　120
一、侧围板的更换　120
二、前支柱的更换　121
三、中支柱的更换　122
四、后侧围板的更换　122
五、门槛板的更换　123

项目十八　事故车前纵梁的更换　125
一、部分前纵梁的更换　125
二、前纵梁和轮罩的更换　126

| 第七章 | **汽车喷涂** | **128** |

项目十九　汽车喷涂前施工　129
一、车身金属表面的处理　129

二、车身塑料表面的处理　　133

项目二十　涂料与色漆的调配　　134
一、涂料的调配　　134
二、色漆的调配　　137

项目二十一　汽车喷涂施工　　143
一、底漆的施工　　143
二、原子灰的施工　　146
三、中涂底漆的施工　　151
四、面漆的施工　　155

项目二十二　面漆喷涂后的修整　　161
一、涂膜小凹坑修复技巧　　161
二、涂膜流挂修复技巧　　162

参考文献　　164

chapter one

| 第一章 |

钣金喷漆设备及工具认识

项目一

钣金设备及工具

一、认识钣金设备的类型及作用

汽车钣金设备主要包括车身外形修复机、二氧化碳气体保护焊机、铝焊机、车身大梁校正设备等。

1. 车身外形修复机

如图1-1所示,车身外形修复机又叫整形机(俗称介子机),它是汽车车身蒙皮件专修设备,它可以焊接垫圈、焊钉、螺栓、星形焊片等,然后进行拉伸操作,此外,它还可以使用铜触头和碳棒进行收缩操作。

车身外形修复机操作方法如下:

① 对于需要修复的车身凹陷部位用砂轮机将油漆、锈蚀打磨干净。

② 把搭铁线连接到离车身损伤部件较近的地方。

图1-1 车身外形修复机

③ 调节开关控制面板中主要有电流调节器、状态选择开关、时间调节器。使用时将状态选择开关选择"自动",时间调节器调到0.2~0.4s,电流调节器调到B挡或C挡中的任何一个,时间及电流调节视板厚而定。

④ 打开电源,在配备的介质夹头上夹好垫圈并按在金属钣金件上,按住手柄开关,待时间到达后,即可焊好一个垫圈。

⑤ 用拉力锤钩住垫圈往外敲打,直至把凹陷的部位修复。当损伤为沟槽形时可使用波纹铁丝及波纹铁丝焊接枪头焊接,再用爪式拉具向外拉拨。也可以将垫圈焊成一条直线,在孔中穿上铁棒,用牵引工具向外拉拨进行拉伸修

复,如图1-2所示。

⑥ 完成后需要拆除使用过的垫圈时,用介质夹头夹住垫圈,然后左右拧垫圈就可以轻松地将其拆下来。

⑦ 拉伸修复操作完成后,用砂轮机将凹凸面轻轻磨平。

⑧ 把金属钣金件上去除涂层的部分进行防腐处理,注意金属钣金件上焊点的反面和搭铁位置也都要进行防腐处理。

图1-2 凹陷拉拔修复

2. 二氧化碳气体保护焊机

在汽车车身修复过程中,二氧化碳(CO_2)气体保护焊机是最常见的一种焊接设备(图1-3),它使用焊丝进行焊接,焊丝和电极以一定的速度自动进给,在母材和焊丝之间出现短弧,短弧的热量使焊丝熔化,将母材连接起来。

二氧化碳气体保护焊机的操作方法如下。

图1-3 二氧化碳气体保护焊机

1 **连接电源** 检查电源的电压与频率是否与设备标牌上参数一致,按照说明书的规定,将电源与插座相连。

2 **安装气瓶** 检查确认气瓶内气体是否适用于被焊钣金件材质,然后将气瓶置于焊机后部专用托板上,并用锁链固定,也可将气瓶安装在柱子、墙壁等位置。连接气管并进行紧固,打开气阀查看是否有漏气现象。

3 安装焊枪　将焊枪接头插入焊机正面接口上,并将针形连接器一起接好。将搭铁安放在与待焊接部位较近的清洁表面上,形成一个从焊机到钣金件、再回到焊机的焊接回路。

4 选择并安装焊丝　首先要根据焊接材料来选择相应的焊丝。通常焊丝盘上刻有"U"形字母的为铝焊丝,刻有"V"形字母的为普通焊丝,然后将焊丝安装到送丝盘。

3. 铝焊机

铝焊机(图1-4)采用低电压、大电流,将电能通过电弧瞬间转换为热能,采用高纯度氩气作为焊接时的保护气体,避免焊接时产生气孔、杂质,同时交流氩弧焊和二氧化碳气体保护焊均具有一定的阴极清理功能,可以直接去除铝及铝合金上的氧化膜。

由于铝焊机体积小,操作简单,使用方便,焊接效率高,焊缝成形好,熔深大,能焊透铝及铝合金钣金件并达到优质的结合效果,且焊接强度与母材质同等,密封性好,因此在现代汽车钣金技术中应用广泛。

铝焊机在焊接过程中会产生弧光,弧光中含有红外线、紫外线,同时也会产生金属蒸气和烟尘等有害物质,钨极氩弧焊中的钨棒含有少量放射性元素,所以必须做足防护措施。另外由于采用氩气作为保护气体,不宜在有风的焊接场所操作。

图1-4　铝焊机

4. 车身大梁校正设备

车身大梁校正设备分为台架式校正仪和地框式校正设备两种,具体内容如下。

> **1** 台架式校正仪 台架式校正仪牵引拉塔可沿工作台轨道做360°旋转,所以台架式校正仪可以同时进行任意方向的校正作业。台架式校正仪不仅可以固定车身,还可以进行作业前检测、校正过程中参数的校核、竣工验收的质量评价等测量工作。所有工作都可以在台架上依次完成,所以校正操作过程中位移误差相对比较小。

1)台架式校正仪的结构 台架式校正仪主要由平台、拉塔、脚踏气动油泵、钣金夹具四部分构成,如图1-5所示。

图1-5 台架式校正仪

① 平台是汽车进行校正停泊固定的地方，一般长 5～6.5m，宽 2～2.5m，高 50cm。此外，还有两个倾斜式斜桥，斜桥的主要作用是方便汽车的上下。

② 拉塔是用于校正的活动臂，一般为圆形，拉塔一般有两个，可以沿工作台轨道 360°无限度转动。

③ 脚踏气动油泵的主要作用是给拉塔提供动力。给拉塔提供动力的有两种：一种是气动泵；另一种是电动泵，最常用的是气动泵。

④ 钣金夹具是用来校正车辆变形部位的，一般针对不同的部位需要采用不同的钣金夹具来对车身进行修理，包括车身固定夹具等。

2）台架式校正仪操作注意事项

① 进入工作区要穿好工作服，戴好手套，不准穿拖鞋。

② 设备操作前应清理场地，平台及周边不能堆放杂物，整理油、气管路，防止操作时挤压管路。

③ 检查油、气管路各接头是否连接好，管路是否有破损，如有破损要及时更换，严禁再用。

④ 检查拉塔滚动滑轮固定螺栓是否松动，必须及时拧紧，以免拉塔滑落造成人员或物品损伤。

⑤ 设备使用完毕后，清理场地，擦拭干净钣金工具、量具、夹具等物品后整齐有序地放在工具车上。

2 地框式校正设备 如图 1-6 所示，地框式校正设备是利用地锚固定车身的底板纵梁和车架来校正车身。使用时，用车身固定器来夹持车身某一部位，且其底座又能用螺栓固定在地板导轨上，使整个车身处于固定位置。

安装时先用千斤顶将车身支起，使轮胎脱离地面，然后在车身特定的位置安装固定支架并将此处夹紧；再将支架底部移动到底架系统适当位置，初步安放地脚螺栓；最后在车身的四个支点均已夹紧且高度调节合适之后，将所有地脚螺栓拧紧。这样，整个车身就被固定夹持住了。汽车固定好后，就可以沿任意方向、绕车身 360°进行牵拉。

拉拔时由于固定点与地面存在着高度差，因此在进行水平方向的校正时，拉链受力后将产生一个向下垂直分力。拉链与地面的夹角越大（拉链短），则垂直分力也越大；反之，拉链与地面的夹角越小（拉链长），则垂直分力变小。因此，除非是较小的车身变形，否则都要拆除汽车底盘的悬架装置，改用可靠的刚性支撑。

第一章 钣金喷漆设备及工具认识

图1-6 地框式校正设备

5. 撑顶器校正设备

1 撑顶器的作用及结构　撑顶器是一种轻便的液压杆系统,它利用手摇液压泵提供压力能,通过液压驱动各种用途的液压缸,实现推、顶、扩等动作。在液压杆两端装上适当的连接杆,可以满足车身内部两点间校正尺寸的需要。用于推压的各种情形的连接杆形状是不相同的。撑顶器主要由液压泵、高压软管、液压杆、泄压阀等部件、各种端头的连接杆等组成。撑顶器整套设备如图1-7所示。

2 撑顶器的使用方法

① 首先将合适的连接杆安装到液压杆上,然后将其两端放置于施力的支点。

② 将液压泵上的泄压阀拧紧。

③ 按压液压泵，使液压杆两端连接杆伸长，随着撑顶器连接杆的伸长来校正钣金件的变形，根据钣金变形的程度来按压连接杆伸长的长度。

④ 当不需要撑顶器时，可拧开泄压阀，液压杆将会重新缩回到初始状态。

图1-7　撑顶器整套设备

6. 吊装设备

在钣金作业过程中当需要拆下手动/自动变速器总成而不需要拆下发动机总成时，往往要用到一种暂时吊住发动机的吊装设备，这种设备主要由发动机支撑架和吊杆组成。发动机支撑架和吊杆的使用方法如下。

① 关闭点火钥匙，断开蓄电池负极电缆。

② 如图1-8所示，将吊耳安装在发动机上。

图1-8　将吊耳安装在发动机

③ 拧紧发动机支撑架上的两个固定螺母，将发动机支撑架的支撑脚放置在前车身（翼子板）上，如图1-9所示。

图1-9　安放发动机支撑架

④ 用吊钩钩住吊耳，然后用力旋转吊钩大螺母，直到吊钩吊住并钩紧发动机，如图1-10所示。装好吊装工具后安全地升起汽车，在汽车底盘下单独拆下手动/自动变速器总成。

图1-10　吊住发动机

二、认识钣金工具的类型及作用

1. 钣金锤

1 **用途与类型**　钣金锤一般用于汽车制造和汽车车身修复，如果汽车外部钣金件被撞变形，要用钣金锤来一点一点地敲击使其恢复到原形。钣金锤主要分为整平锤、球头锤、铁锤、橡胶锤、尖嘴锤等。

1）整平锤　如图1-11所示，整平锤的锤头有圆有方，锤面平整，略有弧度，它主要用于整平车身外板。

2）球头锤　球头锤是钣金修复的多用途工具，它主要用于校正车身弯曲结构，一般可以用来进行所有的钣金件手工加工。

3）铁锤　如图1-12所示，铁锤是修复损坏的钣金件所必需的工具，它常用来进行大强度的钣金件加工，例如用来校正重量较大的车身内部结构，以及校正车架、横梁、重型车身和保险杆支撑、支架等。

4）橡胶锤　橡胶锤用于柔和地敲击薄钣金件，它具有一定弹性，不损坏被敲钣金件表面。

图1-11　整平锤

图1-12　铁锤

5）尖嘴锤　尖嘴锤，又称镐锤，用于维修小的凹陷，其尖端用于将凹陷从内部锤出，对中心部位柔和地轻打，其平端与垫铁配合作业用于去除高点和波纹。

2　钣金锤的使用技能

① 首先应根据被修整部位的变形情况，选用不同的钣金锤来进行维修。如对薄钣金件进行修复，则应选用木质或硬质橡胶锤进行锤击；对于维修钣金件小凹陷，可用尖嘴锤逐个轻微敲击以修平这些微小的凹陷，如图1-13所示。

② 钣金锤的正确使用方法如图1-14所示。用手轻松握住钣金锤手柄的端部（相当于手柄全长的1/4位置），锤柄下面的食指和中指应适当放松；小指和无名指则应相对紧一些，使之形成一个支点，拇指用于控制锤柄向下运动的力度，通过依靠手腕的动作来挥动锤子，并利用钣金锤敲击零件时产生的回弹力沿一个圆形的运动轨迹来敲击，这样能更好地控制锤子。禁止像钉钉子那样让锤子沿直线轨迹运动，也不可用手臂或肩部的力量。

图1-13 尖嘴锤修复微小的凹陷

图1-14 钣金锤的正确使用方法

③ 对于刚性很强的钣金件,则使用铁锤敲击使其恢复原来的状态。敲击时右手握紧铁锤手柄,通过依靠手腕的动作来挥动锤子,使其产生较大的敲击力。锤击时一般应遵循"先大后小、先强后弱"的原则,从变形较大处起顺序敲打,并保证锤头以平面落在钣金表面上。同时还要注意分析构件的结构强度,有序排列锤子的落点,锤击过程中应保证间隔均匀、排列有序,直至将车身损伤修平。

2. 垫铁

 用途与类型 常见的有通用型垫铁、中隆型垫铁、足尖型垫铁等类型,操作时有些钣金工还会采用锤子充当垫铁,使用时应根据钣金件的结构和形状来选择。

1)通用型垫铁　通用型垫铁有多种隆起，可以用来粗加工挡泥板的隆起部分和车身的不同曲面；校正挡泥板凸缘、装饰条和轮缘；收缩平的金属钣金件面和隆起的金属钣金件面；修正焊接区等。

2)中隆型垫铁　中隆型垫铁的重量大，而且很容易控制在平面金属钣金件上，常用来使金属钣金件减薄和使薄的金属钣金件收缩，主要用来对车门内侧、发动机舱盖、挡泥板的平面和隆起面进行钣金修复。

3)足尖型垫铁　足尖型垫铁用来收缩车门板、挡泥板裙板和汽车各种盖板，也可以用来在挡泥板的底部形成卷边和凸缘。该垫铁特别适合于粗加工金属钣金件，因为它的一个面非常平而另外一面微微隆起。

② 垫铁的使用技能　如图1-15所示，选择端面合适的垫铁（铁锤充当垫铁）紧贴于小凹凸的背面，用钣金锤轻轻敲击钣金件表面的凸起或小凹陷的周围，使其恢复原来的形状。

图1-15　垫铁的正确使用方法

3. 惯性锤

惯性锤（图1-16），也称为凹陷拉拔器，通常带一个螺纹尖头和一个钩尖，一般情况下要求在皱褶处钻出或冲出一个或多个孔。

如图1-17所示，拉拔时将螺纹尖头拧入所钻的孔，用滑锤轻轻敲打手柄，慢慢把凹陷拉平。

图1-16 惯性锤

图1-17 惯性锤的正确使用方法

4. 车身锉刀

1 车身锉刀的特点　车身锉刀是用来修整钣金锤作业留下来的凸凹不平痕迹的专用工具。车身锉刀只与凸起金属材料接触，适用于对加工后较粗糙的表面进行光洁处理作业。另外，利用车身锉刀还可以检验钣金件平面修复是否平整。在撞伤钣金件已经被粗加工后，可轻轻地使用车身锉刀，目的不是锉掉金属，而是通过锉痕找出不平处的位置，显露出钣金件上需要再加以敲击的小的凸点和凹点，以便再用钣金锤和垫铁来修复使其平整。

2 车身锉刀的使用技能　如图1-18所示，使用车身锉刀作业时，应该用手握住锉刀的手柄向前推，同时轻轻加压力于锉刀上进行推锉，不可用太大的压力，否则将会切削过多钣金件；也不可用力过小，否则在推锉车身的过程中车身锉刀会出现颤动的现象。此外，要使车身锉刀与钣金件表面形成一个适当的角度而不是顺着锉刀直行前进。如果顺着锉刀方向直进，将会把钣金件表面锉出凹痕。

锉削开始时，锉刀的前端起作用，然后使锉齿的锉削作用移到中间或尾端，使其形成一个工作行程，使锉齿从前端到尾端都有锉削作用，行程要长而有规律。在返回的行程中，用手柄将车身锉从钣金件上拉回。

图1-18　车身锉刀的正确使用方法

5. 砂轮机

砂轮机主要用来磨削或切割钣金件或塑料件，如发动机舱盖、翼子板及车身覆盖件等经过焊修的焊缝，可用砂轮机磨削平整，也可以用来切割薄钣金件。砂轮机主要有电动和气动两种，修理厂使用最多的是电动砂轮机（图1-19）。

使用砂轮机的注意事项如下：

① 使用砂轮机前，首先应检查砂轮片有无裂纹和破碎，砂轮片是否安装牢固，护罩是否完好，砂轮机的电源线束及插头是否破损等。

② 磨削过程中，人不要站在出屑的方向，以防切屑飞出伤害人眼或砂轮意外飞出造成伤人事故。

图1-19　电动砂轮机

③ 如图1-20所示，磨削薄钣金件时，砂轮应轻轻接触钣金件，不能用力过猛，并密切注意磨削部位，以防磨穿。

④ 使用砂轮机应轻拿轻放，用后应及时切断电源或气源，妥善放置，清理好工作场地。

图1-20　砂轮机的使用方法

6. 手电钻

如图1-21所示，手电钻是以电为动力的手持式钻孔工具，操作简单方便。电源电压一般为220V和36V两种，其钻头尺寸规格有3.6 ～ 13mm若干种。手电钻使用方法如下。

① 手电钻的电源线不得有破皮或漏电现象，使用时应佩戴绝缘手套。

② 操作手电钻时，应先按启动按钮，然后接触钣金件，钻薄钣金件时要垫平垫实，并将薄钣金件固定牢靠。此外，钻斜孔时防止滑钻，避免意外发生。

图1-21　手电钻使用方法

③ 使用手电钻时，不准将身体直接压在上面，而应用双手握紧手柄进行钻孔。

④ 手电钻的钻头必须拧紧，开始时应轻轻加压，以防止断钻。

⑤ 装卸手电钻的钻头应在电钻完全停止后进行，用专业工具拆卸（不准用锤子和其他器件夹钻帽）。

⑥ 使用过程中如发现严重火花、异响、异味、冒烟等应立即停止使用。

⑦ 停电、休息或离开工作地时，应立即切断手电钻的电源。

项目二 喷漆设备及工具

一、认识喷漆设备的类型及作用

1. 喷漆房

喷漆房（图1-22）也称烤漆房，它主要用来喷涂和烘烤车漆。在烤漆房进行喷涂可以避免车间工作人员吸入有害的溶剂和漆雾，避免积聚可燃性气体和漆雾，避免灰尘黏附在车身钣金件表面，避免溶剂和漆雾污染周围环境等。它的使用方法和注意事项如下。

1 喷漆房操作

① 首先打开喷漆房控制台电源总开关。

② 打开空气压缩机供气阀门；检查油水分离器，将过滤出来的油、水排放干净；检查风压是否达到400kPa以上。

③ 打开喷漆房照明开关、抽风机开关；检查通风是否顺畅。

④ 车辆进入喷漆房后，立即把房门关上；喷漆工出入应随手关门，非工作人员不得入内，从而确保喷漆房免受粉尘、油污、蜡的污染。

⑤ 喷漆房内严禁一切烟火。

⑥ 喷漆工应做好相应的身体保护措施，戴上防毒面罩及穿上防护工作服，确保个人身体健康及施工质量。

⑦ 烤漆之前应调好温度（60～70℃），并定好需烘烤的时间。检查是否有足够的燃油，然后打开烤漆开关，喷漆房自动工作。

⑧ 施工完毕后，将汽车移出喷漆房，必须立即清洁喷漆房，然后关好房门，关上电源总开关。

⑨ 喷漆房只能由喷漆工来操作，其他非技术人员不得私自动用。

图1-22 喷漆房

2 喷漆房操作注意事项

① 喷漆房使用前，必须检查电路是否正常，喷漆房主机是否缺油，灯光是否齐全，通风出气是否良好。

② 喷漆房使用时，要时刻观察喷漆房的工作状态；在出现故障时，不能强行启动，以免发生爆炸事故。

③ 使用空压机时，必须检查电路是否正常，长时间运转时电机是否过热，要经常检查压缩机机油、储气灌排水。

④ 在使用喷枪作业时，必须戴好口罩或防毒面具，保持一定距离，长时间作业期间必须休息一会，以免缺氧中毒。

⑤ 喷漆房一般不得进行涂装以外的作业。

⑥ 按指定使用说明书规定使用和保养喷漆房，并有专人管理。
⑦ 定期更换过滤材料。
⑧ 定期清除各处风道内的漆尘及脏物。

2. 红外线烤漆灯

红外线烤漆灯（图1-23）主要用于烘干汽车的喷涂层，它具有升温快、干燥时间缩短、操作方法简便等优点。

图1-23　红外线烤漆灯

◆ 二、认识喷漆工具的类型及作用 ◆

1. 刮涂工具

刮涂原子灰使用的工具主要是刮具（俗称刮子），其中分为硬刮具和软刮具两类，操作时应根据不同的情况灵活选用。

1 硬刮具　硬刮具是指具有一定弹性和硬度的刮涂工具，如油灰刀（图1-24）、聚氯乙烯板块状刮子以及钢片刮刀等。硬刮具中的大、中型刮子，刮口较宽，易于将较大平面刮涂。此外，硬刮子刃口较薄、易于对刮涂过的表面进行修整。

图1-24 用油灰刀刮涂原子灰

2 **软刮具** 软刮具则专指端口较软的橡胶刮具，如胶板大刮子和橡胶小刮子（图1-25）等。

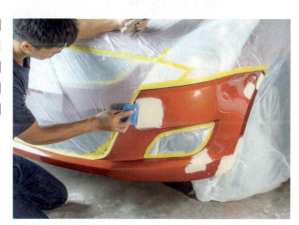

图1-25 用橡胶小刮子刮涂原子灰

2. 刷涂工具

刷涂工具主要是漆刷，它有很多种类。从制作材料上可分为硬毛刷和软毛刷两种，毛刷从形状上可分为圆形、扁形、薄板形等多种，如图1-26所示。

图1-26 各种形状的毛刷

3. 打磨砂纸

打磨砂纸是处理车身底层锈蚀、打磨原子灰的主要材料,如图1-27所示。砂纸分水砂纸和木砂纸两种,它是将磨料黏结在纸上制成的。木砂纸主要用于磨光木制品表面;水砂纸由于涂有耐水涂料,所以不怕浸水,可以水磨,它是钣喷工常用的砂纸。

砂纸的磨料主要有氧化铝粉(如刚玉、人造金刚砂等),根据磨料的粒度大小分为多种规格。水砂纸规格代号是号数越大,砂粒越细,打磨时根据需要进行选择。木砂纸则和水砂纸相反,即号数越大,砂粒越粗。

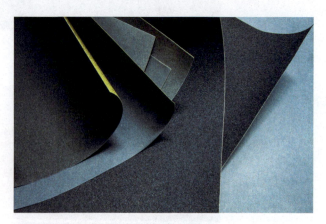

图1-27 打磨砂纸

4. 气动打磨机

气动打磨机的主要作用是除锈、清除漆层等。如图1-28所示,气动打磨机就是打磨机通过连接压缩空气的方式提供气动能力,从而实现打磨机持续运转。

图1-28 气动打磨机

1 气动打磨机的使用方法

① 在使用气动打磨机之前要仔细检查一遍气动打磨机的各部位零部件是不是完好无缺的，看看是否有松动的地方。之后再检查一下砂轮片是不是有损坏或者受潮的现象，最后再将砂轮片安装上去，并且要确保砂轮片安装牢固。

② 检查压缩空气管道是否完好，空气管是否破损等。

③ 在气动打磨机工作时，它的磨切方向严禁对着任何人，以免砂轮片或飞溅物飞出伤人。

④ 在打磨时，力道要均匀，当出现卡阻的时候，要立即将气动打磨机提起来。

⑤ 气动打磨机打磨的时要选择粗细合理的砂纸，并且要及时更换砂纸（图1-29），以便增加打磨效率。

⑥ 操作时，左手握住打磨机的端部，右手抓住打磨机的顶端并向下施压，同时掌心压住气动打磨机的开关进行打磨操作，如图1-30所示。

图1-29 更换砂纸

图1-30 打磨操作方法

2 气动打磨机的使用注意事项

① 若气动打磨机使用时间过长，要适当停止作业，避免气动打磨机的温度上升出现烫手的异常情况。

② 要定期对气动打磨机进行清洁，还要保持气动打磨机与通风孔以及其转动时候的顺畅。

5. 喷枪

如图1-31所示，喷枪由枪体和喷枪嘴组成，枪体又包括空气压力调节阀、涂料（油漆）流量控制阀、雾性（扇面）控制阀、扳机、手柄。喷枪嘴由气帽、涂料喷嘴、顶针组成。喷枪是指利用空气压力将液体转化为液滴的喷涂工具。喷枪工作过程称为雾化过程，它能使涂料成为可喷涂的细小且均匀的液滴。

图1-31 喷枪

1 喷枪的调整方法

① 喷涂面漆时要根据面漆的黏度选择适当口径的空气喷枪，以HVLP重力式空气喷枪（环保型空气喷枪）为例，选用1.3~1.5mm口径的空气喷枪比较合适。喷涂黏度较高的涂料时使用口径大一点的空气喷枪，喷涂黏度低的涂料时使用口径稍小的空气喷枪。

② 压力调整。严格按照油漆产品说明书所提供的施工参数调整喷枪的压力。对任何油漆系统而言，最适当的空气压力只有一个，就是能使涂料获得最好雾化的最低空气压力。

③ 雾束大小、方向要通过雾性控制阀和涂料流量控制阀进行调整，如图1-32所示。当拧进雾性控制阀旋钮时，得到的雾形小而圆；当拧出雾性控制阀旋钮时，可得到大而扁的雾形。当拧进涂料流量控制阀旋钮时出漆量少；拧

图1-32 喷枪的调整方法

出旋钮则出漆量大。

2 喷枪的使用方法

1）喷枪的距离　如图1-33所示，喷嘴与被涂表面之间的距离等于张开手掌后拇指尖与小指尖之间的距离，为15～20cm。如果距离过长，涂料就会过度蒸发，涂料涂覆在车身表面就会出现干喷或者橘皮等现象；而如果距离过近，涂料涂覆在车身表面就出现过喷从而形成褶皱或波纹。

图1-33 喷枪的距离

2）喷枪运动轨迹　如图1-34所示，喷枪与被涂表面应始终保持在90°。在整个走枪的过程中始终保持喷枪与被涂表面呈直角，并确保手臂沿着被涂表面做平行运动，绝对不能以手腕或手肘为轴心做弧形的摆动。

3）喷枪的移动速度　喷枪的移动速度与涂料干燥速度、环境温度、涂料的黏度有关，约以30cm/s的速度匀速移动。如果走枪过快，会使涂料太干，表面粗糙；如果走枪过慢，容易产生流挂。

4）喷枪扳机的控制　由于扣紧扳机时涂料流量较大，因此为了避免每次走枪行将结束时所喷出的涂料堆积在车身表面边缘，需要在喷枪行程的末端略微放松一点扳机，以减少供漆量。

图1-34　喷枪运动轨迹

6. 调油漆辅助工具

汽车油漆的调配过程中，要使用调漆杯、调漆尺、过滤网等辅助工具，如图1-35所示。

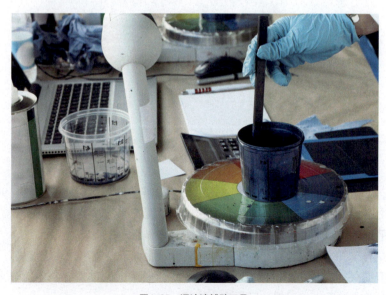

图1-35　调油漆辅助工具

① 调漆杯用于调配油漆，主要选用抗溶剂性很强的塑料制成。
② 调漆尺用于调配油漆比例，根据不同需求选用不同比例的调漆尺。
③ 过滤纸用于倒入喷枪的油漆过滤。

7. 喷漆防护工具

如图1-36所示，喷漆时要做好个人安全防护工作，主要包括穿戴防尘呼吸器、喷漆防护服、防护手套等。

1　**防尘呼吸器**　用于过滤油漆、有机化学品、灰尘等。防尘呼吸器一般配备双活性炭滤芯，适合大强度的喷漆作业。

2　**喷漆防护服**　主要用于喷漆作业，它不仅能防止有害物质侵入人体，还具有防尘功能。

3　**防护手套**　可以避免飞溅物伤及手，喷漆时应根据需要佩戴防护手套。

图1-36　喷漆防护

chapter
two

第二章

汽车车身结构及拆装

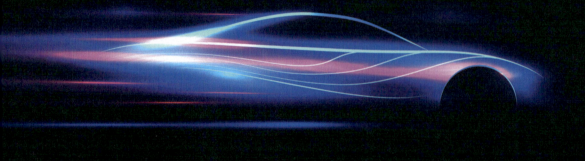

车身的结构概述

一、车身的特点与结构形式

1. 车身的特点

1 车身的功用　汽车车身既是驾驶人的工作场所，也是容纳乘客和货物的场所。

2 汽车车身技术要求

① 给驾驶人提供良好的操作条件，对乘客提供舒适的乘坐条件；保护他们免受汽车行驶时振动、噪声、废气的侵袭及外界恶劣气候的影响。

② 保证行车安全和减轻事故后果。

③ 保证汽车具有合理的外部形状，行驶时能有效引导周围气流，以减少空气阻力和燃油消耗。

④ 保证汽车行驶稳定性和改善发动机的冷却条件，并使室内通风良好。

⑤ 确保车身外观美观，使人达到赏心悦目的效果。

2. 车身的结构形式

车身结构可按承载方式分为非承载式、承载式、半承载式以及空间构架式车身四种类型。

1 非承载式车身（图2-1）

1）非承载式车身特点　非承载式车身的特点是车身与车架通过弹性元件连接，而发动机、传动系统、车身的总成部分则固定在一个刚性车架上，车架通过前后悬挂装置与车轮相连。

汽车车身仅承受本身和所装载客货的重力及汽车行驶时的惯性力与空气阻力。

2）**非承载式车身优缺点** 非承载式车身的优点是底盘强度较高，抗颠簸性能好，车身不易扭曲变形；缺点是比较笨重，重量大。一般用在货车、客车和越野车上。

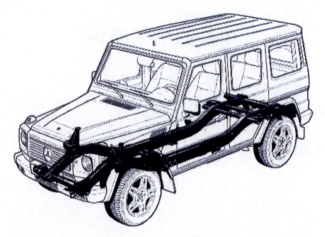

图2-1 非承载式车身

2 承载式车身（图2-2）

1）**承载式车身特点** 承载式车身也称无车架式车身，其特点是发动机、前后悬架、传动系统的一部分等总成部件装配在车身上，车身负载通过悬架装置传给车轮。

2）**承载式车身优缺点** 承载式车身的优点是噪声小、重量轻、相对省油；缺点是强度相对低。大多数轿车都采用承载式车身。

图2-2 承载式车身

3 **半承载式车身（图2-3）** 半承载式车身的特点是车身与前支架用焊接法或螺栓刚性连接，两者成为一体而承受载荷。它实质上是另一种无车架车身，只是装了前支架起着一部分车架的作用，发动机和悬架均安装在车身前支架上。

图2-3 半承载式车身

4 **空间构架式车身（图2-4）** 空间构架式车身(Audi Space Frame, ASF)是奥迪研发的利用以铝为主要材料，结合其他材料构建车身的轻量化技术。

图2-4 空间构架式车身

二、车身的组成结构

以轿车为例,车身是由外部覆盖件和内部钣金件经冲压、焊接而成的空间结构。它一般由车身壳体、车身外部装配件、车身内部装配件组成。

1 车身壳体 车身壳体(图2-5)是整车的基础件,整车载荷由其承受。因此,整车的性能、质量、可靠性与车身壳体紧密相关。车身壳体的大部分部件都是通过焊接组合的,也有少部分采用胶合方式,还有个别部件如前翼子板采用螺钉连接。

图2-5 车身壳体

2 车身外部装配件 车身外部装配件主要包含前保险杠总成、前围上板、前灯座框总成、左右前翼子板、左右前车门总成、左右后车门总成、后保险杠总成、后备厢总成、发动机罩盖总成及各类灯具、各类饰件等。

3 车身内部装配件 车身内部装配件主要包括仪表板总成、操纵台、座舱装饰板、左右前座椅及安全带机构、后座椅总成、内视镜、后搁板等部件。

项目四

车门构件的更换与调整

一、车门的组件

以本田思铂睿轿车的前车门为例,前车门的组件位置如图2-6所示。

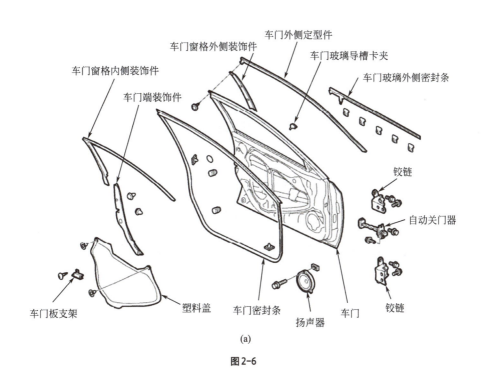

(a)

图2-6

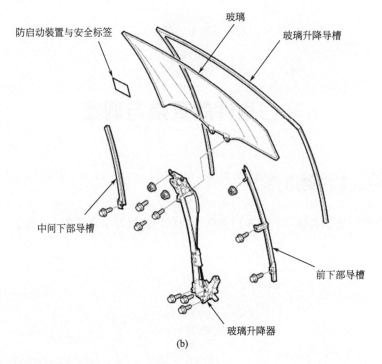

(b)

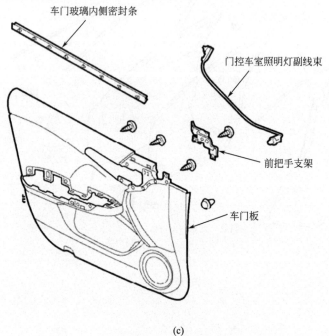

(c)

图2-6 前车门的组件位置

二、车门的拆卸/安装

以凯美瑞轿车前车门为例,说明车门的拆卸/安装方法。

1 拆卸前门后视镜内饰件 脱开后视镜内饰件的2个卡扣并拆下后视镜内饰件,如图2-7所示。

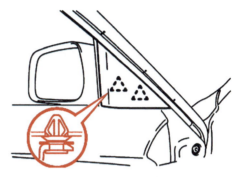

图2-7 拆卸前门后视镜内饰件

2 拆卸前车门辅助把手盖 如图2-8所示,将缠有保护带的螺丝刀小心撬开6个定位爪,然后拆下辅助把手盖。

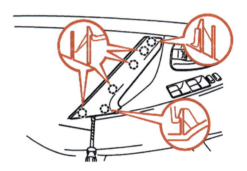

图2-8 拆卸前车门辅助把手盖

3 拆除前门饰板紧固螺栓 用螺丝刀拆卸3个螺钉,然后用卡扣拆卸专用工具撬开9个卡扣,如图2-9所示。

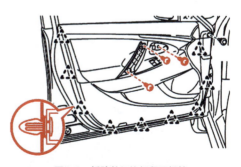

图2-9 拆除前门饰板紧固螺栓

4　**拆卸前门饰板**　按箭头所指方向拉出前门饰板,然后抬起前门饰板并撬开4个定位爪,最后将连接线插头拔下即可拆出前门饰板,如图2-10所示。

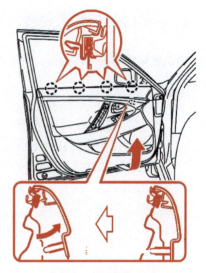

图2-10　拆卸前门饰板

5　**拆卸前门玻璃**　重新连接电动车窗调节器主开关总成并移动前门玻璃以便看到车门玻璃螺栓,然后将其拆下并小心取出前门玻璃,如图2-11所示。

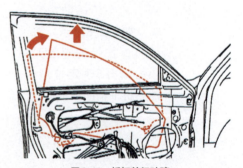

图2-11　拆卸前门玻璃

6　**拆卸前门车窗调节器总成**　拆卸5个紧固螺栓,然后作为一个整体拆下前门窗调节器和前电动车窗调节器电动机总成,如图2-12所示。

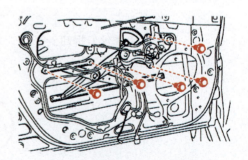

图2-12　拆卸前门车窗调节器总成

第二章 汽车车身结构及
拆装

7 拆卸前门其他附件 拆卸前门密封条以及其他相关部件,如图2-13所示。

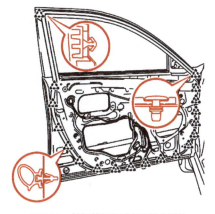

图2-13 拆卸前门密封条及其他附件

8 拆卸前门开度限位器总成 拆下前门开度限位器总成3个紧固螺栓后即可将前门开度限位器总成和前车门拆下,如图2-14所示。

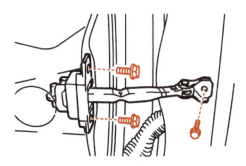

图2-14 拆卸前门开度限位器总成

9 安装前门 前门的安装与拆卸的顺序相反,但应调整前门到合适的位置,如图2-15所示。最后根据门边的间隙要求进行验收。

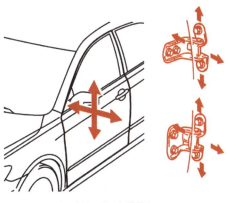

图2-15 安装前门

035

三、车窗玻璃及调节器的更换

① 拆下车门板。

② 将车窗玻璃完全升起。

③ 拆下车门板支架螺钉,然后拆下车门板支架。

④ 断开电动车门锁作动器插头与电动镜插头,并脱开电动镜插头与线束卡夹。拆下插头盖,然后将导线线束穿过塑料罩的缝隙,拆下塑料罩。

注意:清除车门表面的胶黏剂。如果塑料罩损坏或磨损,则将其更换。

⑤ 小心地移动车窗玻璃直到能看到螺栓为止,然后将其拆下(图2-16)。从车窗凹槽中小心地拉出玻璃。

注意:不要将玻璃掉进车门里。

⑥ 如图2-17所示,从调节器上断开插头,然后拆下调节器的螺栓与螺母,最后通过车门孔取下调节器。

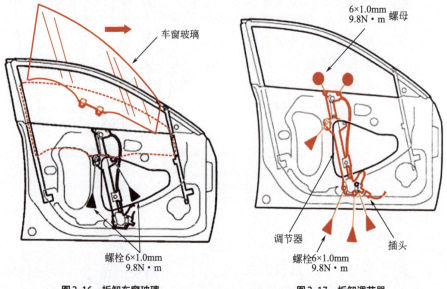

图2-16 拆卸车窗玻璃　　图2-17 拆卸调节器

⑦ 如图2-18所示,在调节器的滑动表面涂抹润滑脂。

⑧ 按照与拆卸相反的顺序安装车窗玻璃与调节器,并注意以下事项。

a. 上下移动车窗玻璃,查看是否可移动自如且无阻滞。

b. 确保升起车窗玻璃时,车窗玻璃与玻璃升降导槽之间没有缝隙。

c. 重新安装车门板时,确保塑料盖安装正确,注意外围密封,以防漏水。

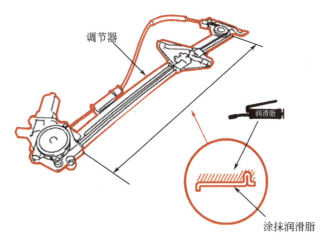

图2-18 在调节器的滑动表面涂抹润滑脂

d. 检查是否漏水,然后进行路试并检查是否有缝隙噪声与咔嗒声。
e. 确保电动车门锁、车窗与电动镜工作正常。

四、车窗玻璃的调节

① 将车辆停放在坚实、平坦的表面。
② 拆下车门板、车门板支架、塑料盖等部件。
③ 小心地移动车窗玻璃直到能看到装配螺栓为止,然后将其松开,如图2-19所示。将车窗玻璃推入导槽,然后拧紧车窗装配螺栓。

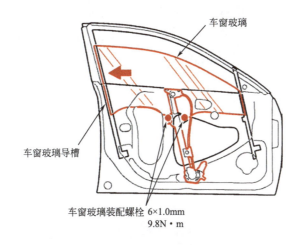

图2-19 车窗玻璃的调节

④ 检查车窗玻璃是否移动顺畅。

⑤ 将车窗玻璃完全升起并检查是否有间隙。检查车窗玻璃与车窗玻璃导槽是否接触均匀。

⑥ 盖上塑料盖,并确保沿外径密封以防漏水。

⑦ 安装车门板支架及车门板。

五、车门窗装饰件的更换

1 车门窗内侧装饰件的更换　如图2-20所示,首先拆下车门内饰板,然后分别拆下车门窗内侧上的装饰件。

① 沿装饰件外缘向后拉,以松开车门窗格中间支柱部分车门玻璃框口凸缘上的卡钩。

② 松开车门窗格后角部玻璃导槽上的卡钩。

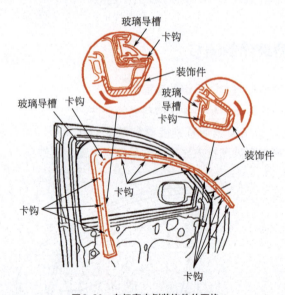

图2-20　车门窗内侧装饰件的更换

③ 沿装饰件外缘向后拉,以松开车门窗格顶部与前支柱部分车门玻璃框口凸缘上的卡钩。

④ 安装装饰件时,将装饰件角部与车门窗格后角部对齐,然后将装饰件卡钩放置在玻璃导槽上。接着沿车门窗格中间支柱部分、车顶部分以及前支柱部分的装饰件设置装饰件卡钩。

2 车门窗外侧装饰件的更换　首先拆下车门内饰板，然后拆开车门外部卡钩，分别拆下车门窗外侧装饰件和密封条，如图2-21所示。

① 向上拉动车门窗外侧装饰件，以松开车门上的卡钩，并松开车门玻璃外侧密封条与车门之间的装饰件。

② 拆下装饰件，但要小心，不要损坏车门玻璃外侧密封条。

③ 安装时按照与拆卸相反的顺序进行。

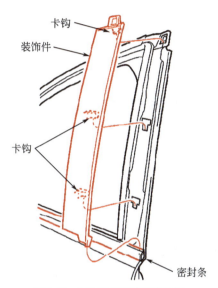

图2-21　车门窗外侧装饰件的更换

3 车门玻璃外侧密封条的更换

① 首先拆下车门内饰板以及其他相关部件，然后将玻璃完全升起。从车门板内滑动车门玻璃外侧密封条上的卡夹，以松开车门板凸缘上的卡钩，如图2-22所示。

② 使用平头旋具，从车门内推出后卡钩，并拔起车门玻璃外侧密封条，然后拆下密封条。

③ 安装时按与拆卸相反的顺序进行，但要注意以下内容。

a. 如果卡夹损坏或因重压受损，则更换新的卡夹。

b. 安装车门玻璃外侧密封条之前，将后卡钩和密封条卡夹与凸缘对齐，通过滑动卡夹使其在凸缘处固定。

c. 将车门玻璃外侧密封条的卡夹部分牢固地推动到位，然后重新安装所有剩余的已拆卸部件。

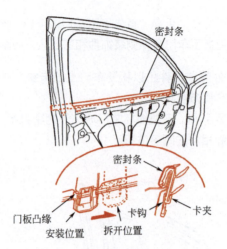

图 2-22　车门玻璃外侧密封条的更换

4 　**车门玻璃内侧密封条的更换**　如图 2-23 所示，首先拆开车门限位器螺栓，然后脱开密封条卡夹与卡钩，最后从车门窗支架上松开车门密封条即可拆下。安装时按与拆卸相反的顺序进行。

安装注意事项如下。
① 如果卡夹已损坏或因重压受损，则使用新的卡夹进行更换。
② 确保支架内的密封条安装牢固。
③ 安装前，在车门限位器装配螺栓上涂抹润滑脂。
④ 确保安装后无漏水。

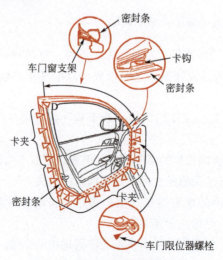

图 2-23　车门玻璃内侧密封条的更换

项目五 保险杠更换调整

一、前保险杠的拆卸 / 安装

① 拆卸前格栅罩。

② 拆卸固定前保险杠的固定螺钉与卡夹,如图2-24所示。

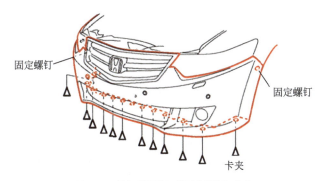

图2-24 拆卸前保险杠的固定螺钉与卡夹

③ 如图2-25所示,推动轮罩拱部位的前保险杠,并将其从侧垫片上的卡钩(三处)上拆下。

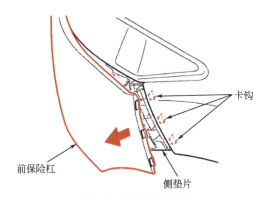

图2-25 推动轮罩拱部位

④ 在另外一名钣金工的帮助下,将前保险杠的轮罩拱部位从侧垫片上拉开的同时,推出前保险杠,从上梁卡钩上松开前保险杠,如图2-26所示。

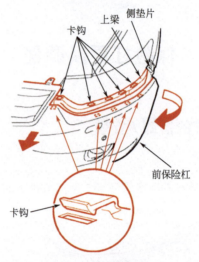

图2-26 松开前保险杠

⑤ 断开前雾灯插头、前大灯清洗器导管与前角部传感器插头,然后拆下前保险杠,如图2-27所示。

⑥ 按照与拆卸相反的顺序安装前保险杠,并注意以下事项。

a. 确保前雾灯插头、前角部传感器插头以及前大灯清洗器导管正确连接。

b. 确保前保险杠与每侧的(上梁与侧垫片上的)卡钩牢固地啮合。

c. 检查卡夹是否损坏或因重压受损,必要时,使用新卡夹进行更换。

d. 推动卡夹与卡钩使其牢固到位。

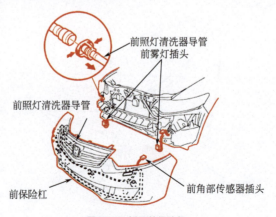

图2-27 拆下前保险杠

二、后保险杠的拆卸/安装

① 拆下固定后保险杠的卡夹、螺钉与螺栓。

② 如图2-28所示,推动轮罩拱部位的后保险杠,并将其从侧垫片的卡钩(十处)上拆下。

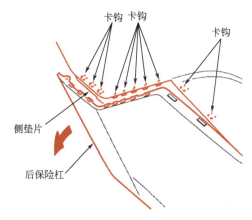

图2-28 推动轮罩拱部位

③ 在另外一名钣金工的帮助下,将轮罩拱部位从侧垫片上拆下的同时,推动后保险杠,从侧垫片卡钩松开后保险杠,如图2-29所示。

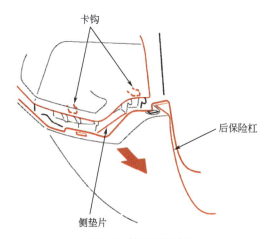

图2-29 松开后保险杠

④ 在另外一名钣金工的帮助下,在另一侧重复与第③步相同的步骤。

⑤ 在另外一名钣金工的帮助下,推动后保险杠,从上支架卡钩(四处)上松开后保险杠,然后断开后保险杠角部传感器副线束插头,如图2-30所示。

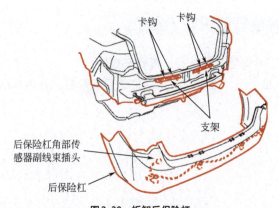

图 2-30　拆卸后保险杠

⑥ 按照与拆卸相反的顺序安装后保险杠，并注意以下事项。

a. 确保后保险杠角部传感器副线束插头插入正确。
b. 确保后保险杠与每侧的（侧垫片与后垫片上的）卡钩牢固地啮合。
c. 检查卡夹是否损坏或因重压受损，必要时，更换新卡夹。
d. 推动卡夹与卡钩使其牢固就位。

项目六

发动机盖相关部件调节与更换

一、发动机盖的调节

① 拆下前格栅罩以及前翼子板装饰件。

② 如图 2-31 所示，稍微拧松各螺栓，调整发动机盖内支撑铰链对发动机盖前后左右的位置进行调节。必要时，翻转发动机盖边缘垫，使发动机盖与车身前部与侧边齐平。

③ 调节发动机盖锁闩，使其高度正常，并左右移动发动机盖锁闩，直至发动机盖锁闩扣在发动机盖锁闩内居中。

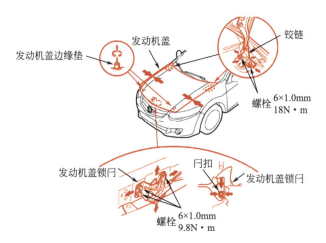

图2-31 发动机盖的调节

④ 将螺栓拧紧至规定扭矩。
⑤ 检查发动机盖,应开启正常与关闭牢固。
⑥ 在铰链紧固螺栓以及铰链周围喷涂修理漆,并使其晾干。
⑦ 在发动机盖锁闩及发动机盖铰链上涂抹润滑脂,如图2-32所示。
⑧ 按照与拆卸相反的顺序安装所有拆下的部件。

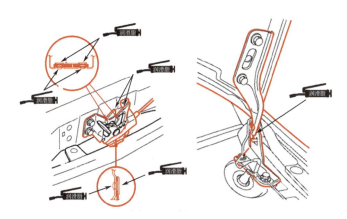

图2-32 涂抹润滑脂

二、发动机盖锁控制拉索总成更换

1 发动机盖锁控制拉索总成结构　如图2-33所示,发动机盖锁控制拉索总成结构主要包括发动机盖锁闩、发动机盖锁控制拉索、发动机盖拉手等。

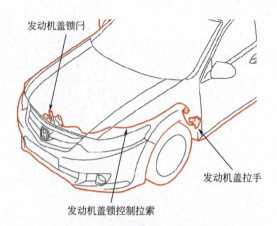

图2-33　发动机盖锁控制拉索总成结构

2 拆卸发动机盖锁闩上的拉索　首先拆开前格栅罩、前翼子板装饰件和驾驶人侧护板,然后拆下进气管罩的卡夹,并向后移动进气管罩,开始拆卸发动机盖锁控制拉索,如图2-34所示。

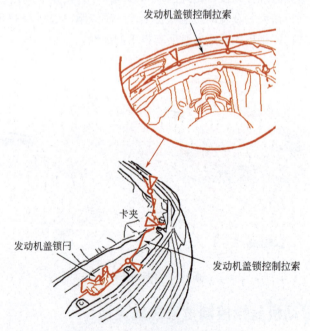

图2-34　拆卸发动机盖锁闩上的拉索

① 从发动机盖锁闩上断开发动机盖锁控制拉索,并且小心不要扭结拉索。
② 使用卡夹专用工具,脱开卡夹,并从卡夹上松开发动机盖锁控制拉索。

> 第二章 汽车车身结构及拆装

3 安装发动机盖锁控制拉索（图2-35） 从发动机盖拉手上断开发动机盖锁控制拉索，从车身上拆下护圈，然后从车辆上拆下发动机盖锁控制拉索。

安装发动机盖锁控制拉索与拆卸相反的顺序进行，但要注意以下事项。
① 检查卡夹是否损坏，如果损坏应使用新卡夹进行更换。
② 安装仪表板下发动机盖锁控制拉索时，在地线线束之上布置拉索。

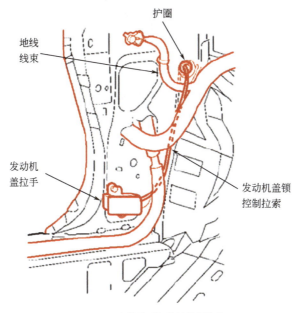

图2-35 安装发动机盖锁控制拉索

◆ 三、发动机盖拉手的更换 ◆

1 拆卸发动机盖拉手 首先拆下驾驶人侧踢脚护板，然后拆下发动机盖拉手上的两颗紧固螺栓（图2-36），最后断开发动机盖锁控制拉索即可取下发动机盖拉手。

2 安装发动机盖拉手 安装发动机盖锁控制拉索时按照与拆卸相反的顺序安装进行，但要注意以下事项。
① 确保发动机盖锁控制拉索连接正确。
② 确保发动机盖拉手正常。

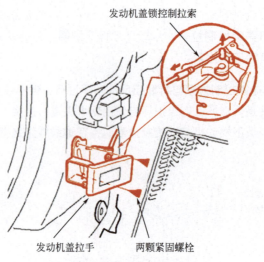

图 2-36　拆卸发动机盖拉手

四、发动机盖锁闩的更换

1. **拆卸发动机盖锁闩罩**　首先拆下前格栅罩和发动机盖锁闩罩上的两颗紧固螺栓,然后松开线束卡夹即可取下发动机盖锁闩罩,如图 2-37 所示。

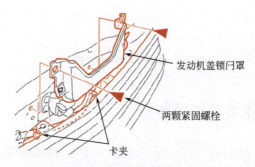

图 2-37　拆卸发动机盖锁闩罩

2. **拆卸发动机盖锁闩**　拆下发动机盖锁闩上的三颗紧固螺栓,然后从发动机盖锁闩上断开发动机盖锁控制拉索,再断开发动机盖锁闩开关插头即可取下发动机盖锁闩,如图 2-38 所示。

3. **安装发动机盖锁闩**　安装发动机盖锁闩按照与拆卸相反的顺序进行,但要注意以下事项。

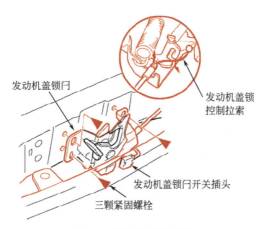

图 2-38 拆卸发动机盖锁闩

① 在发动机盖锁闩的各部位涂抹润滑脂。
② 确保发动机盖锁控制拉索连接正常,且发动机盖锁闩插头正确插入。
③ 正确调节发动机盖锁闩位置,使发动机盖开启正常且锁定牢固。

车身前部翼子板更换

一、车身左前部翼子板更换

① 用专用工具拆下卡扣,然后拆下发动机盖边缘饰件。
② 用专用工具拆下左前翼子板上部紧固螺栓。
③ 打开左前门,在缝隙中用专用工具拆下左前翼子板门边紧固螺栓。
④ 拆下左前翼子板内衬紧固螺栓,然后将翼子板拆开。
⑤ 首先将侧裙拆下,然后拆下左前翼子板下边两颗紧固螺栓。
⑥ 小心地拆下左前翼子板,避免将车身油漆刮花。
⑦ 如图 2-39 所示,左前翼子板安装按与拆卸时相反的顺序进行。

图2-39 安装左前翼子板

二、车身右前部翼子板更换

① 用专用工具拆下卡扣,然后拆下发动机盖边缘饰件。
② 用专用工具拆下右前翼子板上部紧固螺栓。
③ 打开右前门,在缝隙中用专用工具拆下右前翼子板门边紧固螺栓。
④ 拆下右前翼子板内衬紧固螺栓,然后将翼子板拆开。
⑤ 首先将侧裙拆下,然后拆下右前翼子板下边两颗紧固螺栓。
⑥ 小心地拆下右前翼子板,避免将车身油漆刮花。
⑦ 将右前翼子板进行定位,确保位置准确。
⑧ 如图2-40所示,调整右前翼子板并将所有的螺栓紧固。
⑨ 如图2-41所示,将拆卸的部件全部安装好,然后进行验收检查。

图2-40 安装右前翼子板

第二章 汽车车身结构及拆装

图 2-41 安装好后的右前翼子板

车身玻璃的更换

一、前风窗玻璃的更换

① 首先在车室内的仪表台覆盖胶皮垫，避免玻璃碴掉到车室内刮花仪表台。

② 将前风窗玻璃排水槽拆卸，便于安装前风窗玻璃。

③ 如图 2-42 所示，从前风窗玻璃上缘拆下定型件。必要时，使用多功能小刀将定型件切断。

④ 向下拉车顶内衬的前部。

注意：小心不要过度弯折车顶内衬，否则会将其弯折或折断。

⑤ 沿仪表板和前风窗玻璃四周贴护胶带。使用锥子，从车辆内侧在前风窗玻璃的角部穿过橡胶嵌条、黏结胶带与仪表板密封件钻一个小孔。将高强钢丝穿过小孔，并将高强钢丝的两端各绕在木棒上。

⑥ 由一名助手在外侧，以拉锯的动作将高强钢丝来回拉动。保持高强钢丝尽可能地靠近风窗玻璃，以防损坏车身与仪表板。在整个前风窗玻璃四周小心地切割橡胶嵌条和黏合剂，如图 2-43 所示。最后小心地将前风窗玻璃拆下。

051

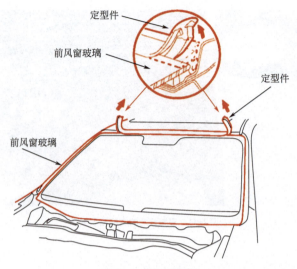

图2-42　拆下定型件

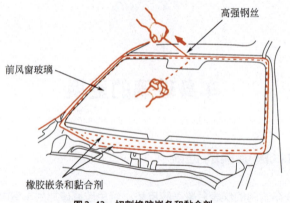

图2-43　切割橡胶嵌条和黏合剂

⑦ 使用小刀，将前风窗玻璃框口边缘粘接表面上原有的黏合剂刮平约2mm的厚度。但注意不要刮伤车身的漆层表面，损坏的漆层会妨碍粘接。

⑧ 使用一块浸有酒精的抹布清洁车身粘接表面。清理后，勿使框口表面沾染机油、油脂及水等。

⑨ 使用前风窗玻璃进行替换，则将新的雨传感器罩基座安装至前风窗玻璃内表面。

⑩ 使用黏结胶带将橡胶嵌条、上卡夹与仪表板密封件粘接到前风窗玻璃的内表面。然后将前风窗玻璃放置在开口部位并进行校中（位置对正），确保两个上卡夹、销接触车身孔边缘，但小心不要触摸前风窗玻璃上要涂抹黏合剂的部位。

⑪ 在橡胶嵌条和定型件之间的前风窗玻璃周围涂出一条黏合剂带，如图2-44所示。

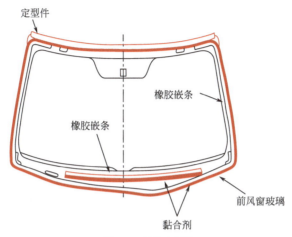

图2-44 涂黏合剂带

⑫ 如图2-45所示，使用吸盘吸住前风窗玻璃，将其移至并保持在待安装的窗框口外，将其与校中所做出的定位标记对准，然后放到黏合剂上。轻微按压前风窗玻璃，直到边缘同黏合剂完全粘接。

⑬ 大约1h之后，等待黏合剂干燥后清理保护带，然后使用抹布将多余的黏合剂刮掉或擦去。为了除去漆层表面或前风窗玻璃上的黏合剂，需要使用浸蘸酒精的柔软抹布进行擦拭。

⑭ 重新安装所有未安装的部件，包括前风窗玻璃排水槽等。

图2-45 安装前风窗玻璃

二、后风窗玻璃的更换

① 首先在车室内的后排座椅覆盖棉垫,避免玻璃碴掉到车室内。
② 断开车窗天线插头与后车窗除雾器插头,如图2-46所示。

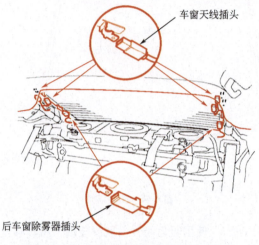

图2-46 断开车窗天线插头与后车窗除雾器插头

③ 脱开卡夹,拉下车顶内衬后部。小心不要过度弯曲车顶内衬,否则将使其出现折痕或折断。
④ 沿后备厢内边缘与外边缘敷设保护胶带。使用锥子,从车辆内侧在后风窗玻璃的角部穿过黏合剂钻一个小孔。将高强钢丝穿过小孔,并将高强钢丝的两端各绕在木棒上。
⑤ 如图2-47所示,从后风窗的下缘处拆下下部橡胶嵌条。如有必要,使用多功能小刀切割橡胶嵌条。

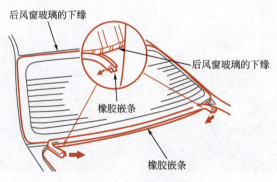

图2-47 拆卸橡胶嵌条

⑥ 由一个助手在外侧，以拉锯的动作将高强钢丝来回拉动，如图2-48所示。使高强钢丝尽可能地保持靠近后风窗，以防损坏车身，围绕后车窗小心地割穿黏合剂，小心地拆下后风窗玻璃。

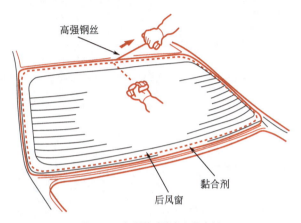

图2-48 切割橡胶嵌条和黏合剂

⑦ 使用小刀，将后风窗玻璃框口边缘粘接表面上原有的黏合剂刮平约2mm的厚度。但注意不要刮伤车身的漆层表面，损坏的漆层会妨碍粘接。

⑧ 使用一块浸有酒精的抹布清洁车身粘接表面。清理后，勿使框口表面沾染机油、油脂及水等。

⑨ 使用黏结胶带将上橡胶嵌条、侧橡胶嵌条、上卡夹与紧固件粘接至后风窗内表面。然后将后风窗玻璃放置在开口部位并进行校中，确保两个上卡夹、销接触车身孔边缘，但小心不要触摸后风窗玻璃上要涂抹黏合剂的部位。

⑩ 在橡胶嵌条和定型件之间的后风窗玻璃周围涂出一条黏合剂带。

⑪ 使用吸盘吸住后风窗玻璃，将其移至并保持在待安装的窗框口外，将其与校中所做出的定位标记对准，然后放到黏合剂上。轻微按压后风窗玻璃，直到边缘同黏合剂完全粘接。大约1h之后，等待黏合剂干燥后方可开启或关闭车门。

⑫ 使用抹布将多余的黏合剂刮掉或擦去。为了除去漆层表面或后风窗玻璃上的黏合剂，需要使用浸蘸酒精的柔软抹布进行擦拭。

⑬ 黏合剂干燥后，在后车窗上喷水以检查其是否渗漏。标记出渗漏部位，晾干车窗，然后使用密封剂加以密封。安装后风窗玻璃后，车辆至少要停放4h。如果在4h内必须使用车辆，则一定要慢速行驶。

⑭ 重新安装所有未安装的部件。

chapter
three

| 第三章 |

汽车钣金件的拆解与焊接

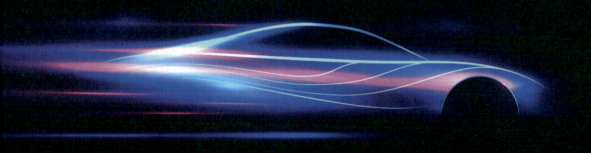

项目九

汽车钣金件的拆解

一、钣金件的切割

1. 钣金件切割部位的选择

车身结构性钣金件与整体式车身焊接在一起,从散热器支架到后端是一个整体的框架,拆卸这类钣金件时需要进行切割。切割车身结构性钣金件时,应充分了解各构件的性能,不可切割设计防碰撞缓冲区域、涉及汽车性能区域以及关键性尺寸控制区域的钣金件,这是钣金件切割应遵守的统一原则。具体切割部位的选择如下。

① 切割部位尽可能选择在构件与构件之间的接合处。

② 对承载式轿车而言,切割部位须避开车身设置的挤压区(如发动机舱、后备厢等)、悬架安装位置、尺寸参照基准孔、发动机和传动安装位置等。

③ 切割部位避开构件加强板的支撑点少的地方,如加强肋板等。

④ 切割部位避开应力集中部位,并使构件切换后不造成新的附加内应力,如切割线不能选在两构件垂直交接处等。

⑤ 切割部位应兼顾到切换作业的难易程度,如是否便于切割,需拆装的相关零件多少与难易程度等。

2. 钣金件切割方法

钣金件切割方法主要有氧-乙炔火焰切割、砂轮机切割和风动锯切割等,主要内容如下。

1. **氧-乙炔火焰切割(图3-1)** 氧-乙炔火焰切割虽然具有切割能力强、切断效率高的优点,同时也存在许多缺点:切割部位会因为受热而变形,为了焊接新件,需要对切割部位进行整形,这样就增加了一定的工作量;对于结构性钣金件的内部结构来讲,由于氧-乙炔火焰的温度超过1500℃,会使切割区域的金属晶界发

图 3-1　氧-乙炔火焰切割

生氧化或熔化，且使防腐层损失，造成金属过早锈蚀。

注意：氧-乙炔火焰主要适于对较厚结构性钣金件的切割，如底板横纵梁、车架、骨架、支柱等。若车身钣金件厚度较薄，为使割缝小一些，应选用小号割嘴。

② 砂轮机切割（图 3-2）　用砂轮机切割可以获得整齐的切痕，适用于切割小型类构件，如薄钣金件、镶补件等。使用砂轮机切割时必须要注意安全防护，避免砂轮片脱落造成意外事故。

图 3-2　砂轮机切割

③ 风动锯切割（图 3-3）　用风动锯切割可以获得整齐的切痕，适于断面尺寸不大的小板类构件，如窗柱、门柱、门槛板、车顶等。因为使用风动锯不仅可以避免氧-乙炔火焰切割时热变形，还可

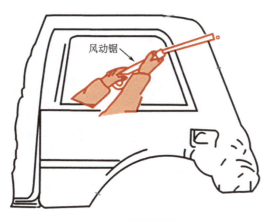

图 3-3　风动锯切割

解决切割区域金属材质发生变化和防腐层受损的问题，并可完全按照事先在车身上画出的区域进行切割，误差很小，大大提高了修车质量。

◆ 二、钣金件点焊的拆解 ◆

车身结构性钣金件在制造装配时一般用点焊焊接在一起，拆卸的方法是对点焊进行分离，分离点焊的方法有定位钻去除点焊、气动锯切割点焊、錾子去除点焊等，但拆卸钣金件点焊时首先应了解点焊的数目和排列方法，以便确定点焊位置，从而做到心中有数。

1 确定点焊位置　首先用砂轮机除去底漆、保护层和其他覆盖物，以便找到点焊位置。用氧-乙炔火焰（气焊）将底漆烧焦，然后用钢丝刷清除，即可显示出点焊轮廓。若清除油漆后仍无法看清点焊区域，可用打磨机进行打磨或黑金刚錾子凿焊接处以确定点焊位置。

2 点焊拆卸　对于组焊而成的车身结构性钣金件的拆解，确定点焊位置后的关键作业就是剥离焊点或焊缝。拆卸方法则主要取决于焊接方式及其车身结构性钣金件上的点焊分布状况等，如是焊点还是焊缝，在边缘还是在中间，朝上面还是向下面等，但都以切割、钻削、磨削等方式为主。当采用切割时应注意切割深度，切勿将焊缝下面的钣金件切去。

1) 定位钻去除点焊 (图3-4) 采用定位钻去除点焊的一个优点就是绝大多数的焊点可以一次性被去除，只需要在最后打磨修整一下就可完成。

图3-4　定位钻去除点焊

2) 气动锯切割点焊 (图3-5) 采用气动锯切割点焊主要是运用气动锯沿焊缝切割掉大多数的焊点，然后清理掉剩下的其他焊点。

图3-5　气动锯切割点焊

3) 錾子去除点焊 (图3-6) 采用锤子和錾子去除点焊，操作简单，但只能清除少量并且不密的点焊，并且劳动强度大的缺点。

图3-6　錾子去除点焊

三、铜焊的拆解

拆解铜焊车身结构性钣金件时可应用氧-乙炔焊枪加热的办法,利用钎料熔点低的特点加热使之熔化,从而达到对车身结构性钣金件拆解的目的。

1 **确定铜焊位置** 首先用氧-乙炔火焰使油漆软化,再用钢丝刷或刮刀将油漆除去,最后用螺丝刀将焊点撬松,如图3-7所示。

2 **拆卸铜焊** 当铜焊的准确位置确定后,可将氧-乙炔焊枪的火焰调节成中性焰,对焊缝上的钎料加热使之熔化,与此同时用铜丝刷将熔化的焊料除掉以免流淌;趁铜焊的钎料未发生冷凝之前,用螺丝刀等工具撬动焊缝使车身结构性钣金件松动,如图3-8所示。

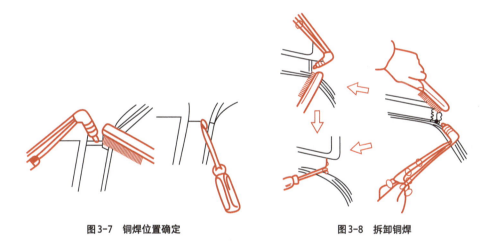

图3-7 铜焊位置确定　　　　图3-8 拆卸铜焊

四、前支柱与后围侧面板的拆解

1. 前支柱的拆解

① 如图3-9所示,找到支柱上端的基准孔,并由此向下测量100mm,在该处内侧做标记。

② 如图3-10所示,在两根截断线处仔细截断。为了锯切准确、方便,可用夹具将前支柱的钣金件夹紧。

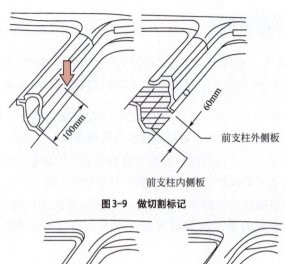

图3-9 做切割标记

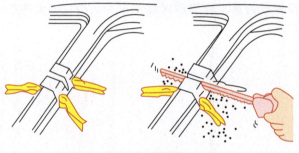

图3-10 切割操作

③ 为了便于安装,切割后将前支柱内的锈蚀清除掉,如图3-11所示。

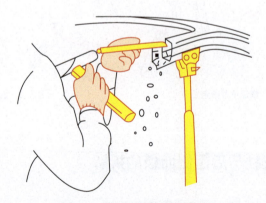

图3-11 将前支柱内的锈蚀清除掉

2. 后围侧面板的拆解

① 首先用卷尺按照需要切割部位的尺寸要求在后围侧面板上做出标记。

② 如图3-12所示,经观察比较无误后,用气动锯进行切割(切割量一般

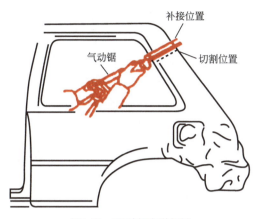

图 3-12　后围侧面板的切割

选择在车顶侧板接近车顶200mm左右的地方和车门槛板靠近轮眉100mm左右的地方）。切割的断口要比新件安装时的对缝多20mm左右的余量。

汽车钣金件焊接

◆ 一、汽车钣金件焊接概述 ◆

　　汽车钣金件焊接是指通过热量，将不同块的钣金件永久性连接在一起的工艺过程，是车身钣金件连接在一起的主要方式。一直以来，车身修复时主要使用氧-乙炔焊和手工电弧焊的焊接方法来焊接车身上的钣金零部件及车身结构性钣金件。

　　随着高强度钢在整体式车身上的广泛使用，上述两种方法逐渐失去了其主导地位。因为氧-乙炔焊接将导致高强度钢板过热，材质改变，钢板变薄，从而造成其性能恶化，削弱钢板的力学性能，另外由于热量较为集中，焊接时产生的应力较大，且难以采取有效的控制措施。而手工电弧焊焊接后的焊缝部位一般硬度较高,但韧性不足,薄板容易出现熔穿孔,相对于CO_2气体保护焊,其对薄板的焊接质量相差较远。

目前,汽车钣金维修行业应用于车身焊接的方式,主要有CO_2气体保护焊和电阻点焊,而氧-乙炔焊虽然有缺点,但在钣金维修中仍能发挥其他作用,如焊接钎焊、金属表面清洁、加热后取出难以松动的螺栓等。

二、CO_2气体保护焊

1. 二氧化碳气体保护焊机的组成

CO_2气体保护焊机(简称CO_2焊)主要由CO_2气体瓶、焊丝盘及送丝结构、焊枪、软管、控制面板等部件组成,如图3-13所示。

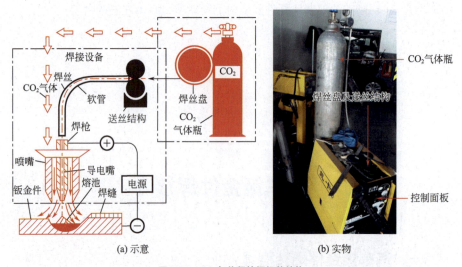

(a) 示意　　　　　　　　　　(b) 实物

图3-13　CO_2气体保护焊机的结构

2. CO_2气体保护焊的工作原理及特点

CO_2气体保护焊采用CO_2气体作为保护介质。焊接时,CO_2气体通过焊枪的喷嘴,以焊丝为一个电极,以焊件金属(焊件金属与搭铁线连接)为另一个电极。焊丝与焊件接触发生短路,焊丝端部产生热熔,同时在焊丝与焊件间产生电弧,电弧热使焊丝端部继续热熔并在焊件上形成熔池,如图3-14所示。自动送给的焊丝与焊件再次发生短路并形成熔滴,如此反复,就将焊丝堆积成焊缝。此外,CO_2气体沿焊丝周围喷射出来,在电弧周围形成气体保护层,机

图3-14　CO_2气体保护焊机

械地将焊接电弧及熔池与空气隔离开来,从而避免了有害气体的侵入,保证焊接过程的稳定,以获得优质的焊缝。

3. 二氧化碳气体保护焊的类型

CO_2气体保护焊的焊接类型主要有定位焊、连续焊、塞焊、点焊,具体方法如下。

1 定位焊　定位焊是一种临时点焊,用于保持两待焊钣金件相对位置固定不变,以免发生位置偏移。定位焊的距离应根据钣金件厚度、形状、焊缝长度等情况而定。通常厚度越厚,面积越小,曲面越大,定位焊的距离就相对越远;反之定位焊时就应该近一点,车身钣金件定位焊的跨度一般为15~30mm。

2 连续焊　连续焊也叫拖焊,是指焊枪缓慢、匀速稳定地向前运动,中间没有停顿电弧,从而形成一道连续焊缝的焊接方法,如图3-15所示。连续焊操作时应保持姿势稳定,焊枪通常倾斜10°~15°,握焊枪的手均匀直线运行,这样可以清楚地观察熔池,从而得到高度和宽度恒定的焊缝。

3 塞焊　塞焊也称填孔焊,是指在外面的一块或若干块焊接件上钻孔,电弧穿过此孔,进入里面的焊接件,这个孔被熔化的金属填满并将焊接件焊接在一起,如图3-16所示。采用塞焊焊接不同厚度的焊接件时,应将较薄的焊接件放在上面,并在较薄的钣金件上冲出或钻出较大的孔,这样才能保证下部较厚的焊接件能首先熔化。

图3-15 连续焊

(a)第一步：焊接件上钻孔

(b)第二步：焊接件上焊接

图3-16 塞焊

4 **点焊** 点焊就是送丝定时脉冲被触发时，将电弧引入被焊的两块焊接件，使其局部熔化的一种焊接工艺，如图3-17所示。大多数CO_2保护焊机内部安装有定时器，在一次点焊后，便会自动切断送丝装置并关闭电弧，间隔一定时间后，才能重新进行下一次点焊，开关触发一次只能焊接一个焊点，因此无论将焊枪开关触发多长时间，都不起作用，但如果将触发器松开，然后再次启动，便可进行下一次点焊。

图 3-17 点焊

4. CO_2 气体保护焊的操作技巧

以后侧围板与后轮罩的焊接为例,它的焊接操作技巧如下。

① 在后侧围板与后轮罩及连接板连接处用压力钳将相邻构件的边缘夹紧,如图3-18所示。

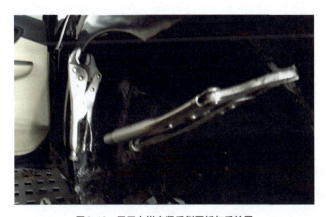

图3-18 用压力钳夹紧后侧围板与后轮罩

② 将后侧围板与后轮罩两块金属板叠在一起,然后在后侧围板上用电钻钻一排小孔,如图3-19所示。

③ 使用CO_2气体保护焊机进行塞焊。塞焊的操作就是将电弧穿过钻孔,进入里面的后轮罩钣金件,这个孔被熔化的金属填满并将后侧围板与后轮罩焊接在一起,如图3-20所示。

④ 如图3-21所示为后侧围板与后轮罩塞焊后的效果。最后用砂轮机将焊点修整平整。

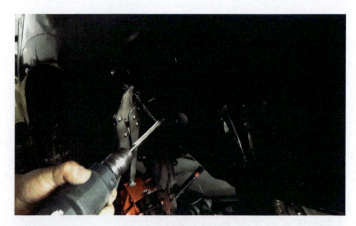

图 3-19　在后侧围板上钻小孔

图 3-20　塞焊焊接后侧围板与后轮罩

图 3-21　后侧围板与后轮罩塞焊的效果

三、电阻点焊

1. 电阻点焊的特点

1 电阻点焊的优点

① 电阻点焊操作简单,对钣金技术的水平要求不高。
② 焊点外观与原车焊点外观一致,美观大方。
③ 焊接时间短,且为局部加热,钣金件热变形影响较小。
④ 焊接速度快,并且焊接飞溅比较容易控制,可有效提高工作效率。
⑤ 焊接成本较低,焊接时不需要焊丝、焊条等填充金属,以及氧、乙炔、CO_2 气体等,相对 CO_2 气体保护焊防护效果更佳。

2 电阻点焊的缺点

① 可以焊接的范围小,因为车身结构复杂,无法对钣金件两面同时进行焊接,而单面点焊强度比较低,一般不建议采用。汽车钣金维修使用的电阻点焊的功率小于汽车制造业的工业电阻点焊机。
② 适用于钣金件重叠部位的搭接焊,对其他类型的接头不能焊接。
③ 只适用于焊接厚度小于3mm的薄钣金件。

2. 电阻点焊的焊接原理

电阻点焊机如图3-22所示。电阻点焊属于压接焊中的电阻焊接种类,其原理是通过焊枪上的电极臂对重叠的钣金件进行加压,利用低电压、高电流,使夹紧在一起的钣金件重叠部位产生电阻热量,将局部加热到半熔融状态,在挤压力的作用下将它们接合在一起,冷却后形成熔核。

图3-22 电阻点焊机

电阻点焊产生的热量与电阻、焊接时间、电流成正比关系，是非常关键的因素。如果金属局部完全熔化，将形成熔池，在压力的作用下熔深会很深，质量无法保证，如果温度很低，即使在压力的作用下，两块钣金件也不可能结合在一起。所以比较理想的温度，是将两块金属同时加热到半熔融状态下施压。半熔融是指金属完全熔化前的一种液态与固态共存的状态，此时钣金件局部已经软化，接合部在压力的作用下使其组织致密性提高，从而达到所需的力学性能。所以，电阻点焊的作业顺序应为加压、焊接、保持三个阶段。

3. 电阻点焊的操作方法

1 **电极臂的选择与调整**　焊枪臂由电阻较小且导电性较好的铜合金制成，一台焊机会配备一套长度和形状不同的可更换电极臂，以满足车身不同位置的焊接需求。正常情况下，应选择较短的标准型电极臂，以获得稳定的电流和较大的压力。随着电极臂的长度增加，焊接压力会相应减小，电流也会相应损耗，导致焊接质量下降。当使用加长型或宽距离的电极臂时，高强度电流会由于电缆长度增加而降低，需要调整焊机上的控制面板，将输出的电流强度调高。

安装或更换电极臂后，应使用双手挤压上下电极头或者开启焊枪手柄控制开关，注意观察电极头是否对准，确保其在同一条轴线上（图3-23）。如果有偏差或位置不正，将会造成焊接时钢板变形、加压不充分或电流过小，影响焊接质量。

图3-23　确保电极头在同一条轴线上

2 **焊接表面整平** 两个焊接表面之间的任何间隙都会影响电流的通过，虽然不消除这些间隙也可以进行焊接，但焊接部位将会变小而降低焊接的强度。因此在焊接前，应提前将两个金属钣金件表面整平，以消除间隙（图3-24）。也应用夹紧装置将两者夹紧。

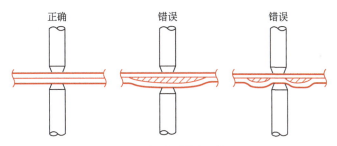

图3-24 金属钣金件表面整平

3 **焊接防锈处理** 在需要焊接的金属钣金件表面涂一层电导率较高的防锈剂，必须将防锈剂均匀地涂在金属钣金件上。

4 **焊接角度调整** 如图3-25所示，电极头和金属钣金件之间的夹角应呈90°。如果这个角度不正确，电流强度便会减小，会降低焊接接头的强度。

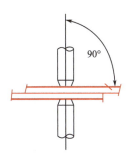

图3-25 电极头和金属钣金件夹角调整

5 **焊点数量的确定** 钣金件修复时的点焊机功率一般比汽车制造厂的小，因此在修复时，应将焊点数量增加30%，如图3-26所示。

6 **点焊顺序的确定** 不要只沿着一个方向连续进行点焊，这种方法会使电流产生分流，而降低焊接质量。正确方法是进行间隔位置焊接，如图3-27所示。

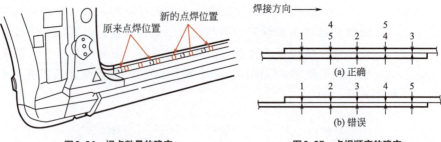

图3-26 焊点数量的确定　　　　图3-27 点焊顺序的确定

四、氧-乙炔焊

1. 氧-乙炔焊设备结构及原理

氧-乙炔焊设备及其管路系统如图3-28所示。其中氧气瓶主要供给焊炬火焰燃烧所需的氧气；乙炔发生器供给乙炔；减压器和回火保险器为保障焊炬火焰正常燃烧，防止回火气体蔓延至乙炔发生器，引起事故。氧-乙炔焊的原理是利用乙炔在氧气中燃烧产生的高温，使焊条熔化来焊接钣金件。

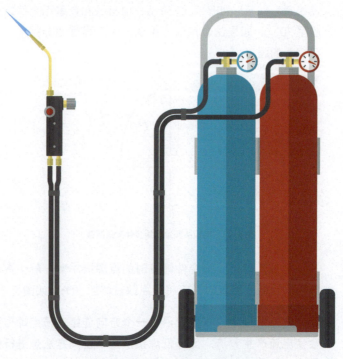

图3-28 氧-乙炔焊设备及其管路系统

2. 氧-乙炔焊工艺参数的选择

1 火焰类型的选择　火焰类型取决于焊接母材的材质。碳钢类材料多采用中性火焰焊接，其他材料则使用碳化焰或氧化焰。

1）中性火焰　如图3-29所示，中性火焰焰心呈尖锥形，色蓝白而亮，轮廓清楚，外焰呈淡橘红色。适用于低碳钢件、紫铜板件焊接。

2）碳化焰　碳化焰焰心呈蓝白色，外周包着一层淡蓝色的火焰，轮廓不清楚，外焰呈橘红色，伴有黑烟。适用于高碳钢、铝合金、一般铝板焊接等。

3）氧化焰　氧化焰焰心呈淡蓝色，内焰较小，焊接时会发出急剧的"嗖嗖"声。

图3-29　中性火焰

2 焊嘴的选择　焊嘴的大小与火焰的能率有关。单位时间内火焰所提供的热能的大小代表火焰的能率。大号的焊嘴，火焰能率高，适于厚钣金件的焊接。

3. 焊接方向的选择

氧-乙炔焊的操作方法有左焊法和右焊法两种。焊炬从右向左移动的焊接方法称为左焊法；焊炬从左向右移动的焊接方法称为右焊法。

1 左焊法　左焊法是焊枪从右向左移动，火焰背对焊缝而指向未焊部位。此焊法操作较为简便，焊接薄钣金件和低熔点金属时，可减少焊件受热变形和烧穿的可能。同时，火焰对焊口和未焊部位有一定预热作用，焊接速度较快。

2 右焊法　右焊法是焊枪从左向右移动,火焰指向焊缝已焊部位。火焰使焊缝周围的空气对其影响较小,能很好地保护熔池内金属,且焊缝冷却速度慢,金属组织得以改善,使焊缝质量优化。但此法操作难度大,不易掌握,多用于厚钣金件的焊接。

4. 氧-乙炔焊焊接操作技巧

① 打开氧气和乙炔气钢瓶上的阀门,调节减压阀,使氧气输出压力为500kPa左右,乙炔气输出压力为50kPa左右。

② 打开焊枪上乙炔气的调节阀,使焊枪的喷火嘴中有少量乙炔气喷出,然后点火。当喷火嘴出现火焰时,缓慢地打开焊枪上的氧气调节阀门,使焊枪喷出火焰,并按需要调节氧气与乙炔气的进气量,形成所需的火焰,如图3-30所示。

图3-30　调整火焰

③ 施焊前将裂纹变形的金属钣金件对齐。

④ 如图3-31所示,焊接时一手拿焊丝,另外一只手拿焊枪。

如果裂纹较长,则先将端部固定焊上一点。对裂纹的焊接遵循"由内向外"的原则,即从裂纹的止点起焊,逐渐将焊道引向裂纹的另一端。

如果裂纹较短,则可沿裂纹走向一次焊到边缘。如果裂纹较长,也应按50mm的间距先行定位焊接。

⑤ 焊接过程中,如发现构件裂纹两侧的金属钣金件错位,应借助锤子、垫铁等工具将其敲平、理齐。

⑥ 在一块较大金属钣金件上焊接单一裂缝时,可以用湿布或湿棉纱等围

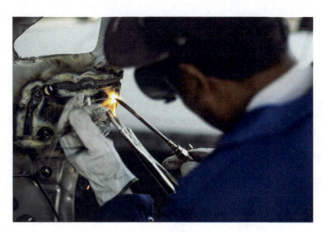

图3-31 焊接操作

住焊缝后再施工,防止氧-乙炔焊对周围金属产生热影响。

⑦ 焊接修补后在焊缝的内侧垫上垫铁,用平锤沿焊缝轻轻敲击一遍,以消除焊接造成的残余内应力。

⑧ 焊接结束后,应先关闭焊枪上的氧气调节阀门,随即关闭乙炔气调节阀门。如果先关闭焊枪上的乙炔气调节阀门,后关闭氧气调节阀门,在焊枪的喷火嘴处会出现爆炸声。

chapter four

| 第四章 |

钣金件修复技巧

汽车车身修复技巧和方法

一、车身伤痕的修复方法

汽车的磕磕碰碰,会给车身带来大大小小的伤痕。无论伤痕大小都会给车身漆面造成不同程度的损伤,这种伤痕主要有线状、点状、片状。其修复方法主要根据车身的损伤情况确定,主要内容如下。

1 细小伤痕修复方法 车身如果发现有细小伤痕,可用抛光剂处理,以直线方式擦拭,待伤痕消失后,打上车蜡,如图4-1所示。

图4-1　细小伤痕修复

2 一般伤痕修复方法 车身伤痕只在表面,如果没有看到车身金属就不会氧化生锈,用修补笔尖一点将表面漆涂上。当等待漆面干后用抛光蜡抛光。

3 较深伤痕修复方法

① 车身出现较深伤痕并且能看到车身金属生锈,修复时首先应进行除锈,然后涂上防锈漆,待漆干后填补腻子并将其打磨光滑,如图4-2所示。

② 在伤痕处喷上面漆、上蜡,最后抛光,如图4-3所示。

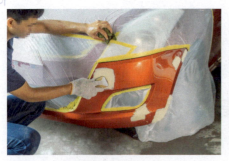

图 4-2　打磨腻子

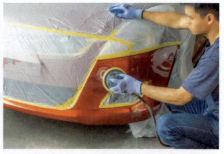

图 4-3　较深伤痕的修复

二、车身凹凸的修补技巧

对于车身凹凸性损伤，可采用锤击法或顶拉法修复，主要内容如下。

① 如图 4-4 所示，较小的车身凹凸性损伤可用垫板垫在凹陷部的背面，用撑顶工具直接顶起，然后观察钣金件的总体平顺情况，有针对性地做一些细微的修整，使车身凹凸损伤修复。

② 较大的凹陷，可把垫铁垫在凹处最低部位的背面，用锤敲击，并相应改变垫铁位置。当凸起处基本敲平，凹陷部位由于垫铁的反作用力，也会大部分恢复。此外，也可用垫板垫在凹陷部的背面，用撑顶工具直接顶起，为减少顶出力，必要时可把凹陷部位加热至暗红色，顶出时应考虑回弹。

③ 如表面有较大的延展性凸起，可使延展处金属适当收缩，如损伤部位难以放进垫铁，可在凹陷部位钻孔，孔数尽可能少，孔径尽可能小，然后用铁丝折成钩形，从孔内扣牢，再施以外力拉伸，待合乎要求时，抽出铁丝，将焊孔磨平。

图 4-4　较小的车身凹凸性损伤修复

三、撑拉法修复技巧

车身框架、梁和柱的变形，可用撑拉法校正，撑拉作用力的方向应与变形力的方向相反。撑拉法是支撑法和拉拔法的简称。用撑拉法校正车身框架、梁和柱时，应在车身钣金件与撑拉工具接触处垫上垫板，以免造成新的损伤。

1 支撑法　如车顶右前角受撞击后下塌，造成右门框和风窗框右前角变形，车门不能闭合，此车框架变形的重点在车门框右上角处。用撑顶器顶在门框右上角和左下角之间，旋动手柄，使两端螺杆伸长，随着撑顶器螺杆的伸长，车顶右上角逐渐上升，风窗框也相应复位，门框也可逐渐复原，如图4-5所示。

图4-5　支撑法修复技巧

2 拉拔法　如图4-6所示，如车头受撞击，造成前骨架内凹，此时可用手动葫芦，一端固定在前骨架受损处，另一端固定在坚固的柱、壁上，拉动导链，使铁链缩短，前骨架凹陷处将逐渐复位。

图4-6　拉拔法修复技巧

四、车身锈蚀的修理技巧

由于车身钣金件油漆的脱落或受水汽的侵蚀,破坏了车身内外表面防护层,使车身逐渐锈蚀。对于此类的修理方法首先用钢丝刷(或砂纸)将损坏部位的漆面除掉,再根据损坏程度决定是更换整块钣金件还是修复损坏部分。如果损坏比较严重,最好进行整块更换。如果损坏较轻,则需将该部位挖去,以相应的更新件用焊接的方法镶补修复,即运用挖补技术修复车身锈蚀。

1. 挖补技术的优点

挖补技术是车身钣金维修作业中最基本的工艺之一,它具有以下优点。
① 挖补后的钣金件形状准确,质量较高。
② 不易积存泥水,不会很快锈蚀,使用寿命长。
③ 焊缝接口平整,校正方便。
④ 整个构件表面光洁,便于两面油漆。
⑤ 对由应力集中引起的钣金件损伤,挖补后能消除或部分消除应力。

2. 挖补技术的工艺

1 根据损伤程度确定挖补范围 钣金件的锈蚀损坏主要发生在钣金边缘转折部位或是两块钣金件的接合部位,这些部位易于积存泥水或造成应力集中。修理前,先检查钣金件的损坏部位及程度,确定挖补的范围,具体原则如下。

① 在确保有效去除锈蚀部位的前提下,挖补范围尽可能缩小,以便减少焊接变形。
② 在挖补部位的切除线之间,避免有尖角存在,应以圆弧曲线过渡,防止尖角处应集中,导致裂纹产生。
③ 为方便焊接及矫正,切除部位的切除线应避开加强腹板和棱筋线,若无法避开这些部位,则须扩大挖补范围。
④ 在条件许可时,挖补部位应考虑焊接、矫正的方便。

2 按挖补范围制下料件 对于构件几何形状较复杂,几何作图又较麻烦的,可在构件上制出下料件样板。形状较简单且又规律的构件,可直接在板料上划线,然后切割,如图4-7所示。若镶补件边缘有折边、卷边的,切割时须留出加工余量。

图4-7 切割下料件

注意：操作砂轮机时一定要做好个人安全防护。

| 3 | 加工成形　将下料件按有关钣金成形的加工工艺制作镶补件，使之与待切除部位表面形状完全吻合，如图4-8所示。当镶补件部位的边缘有折边或卷边时，先制作所需的几何形状，再折边或卷边。对于几何形状较复杂的物件，且不易与原部位吻合的，可先放出加工余量，待焊接矫正后，再按原构件的形状进行折边或卷边。

图4-8 制作镶补件

| 4 | 切除损伤部位

① 首先将镶边补件按原定位置贴靠、夹紧，划出切除部位边缘线。若切除范围较大，可先用焊炬或割炬沿切除线内的较小范围进行切割，如图4-9所示。

② 然后用钣金剪沿切除线剪切。

③ 最后用锉刀修整切除线，修整后，镶补件与切除线之间的间隙不大于1mm，避免焊接时产生收缩变形。

图4-9　切除损伤部位

5 焊接　先在对接好的缝口，按30mm左右间距进行定位焊接镶补件，经过1次敲击整平后，再顺次施焊，如图4-10所示。施焊时，焊接方向由内向外，从右向左，分段进行焊接。焊接优先采用CO_2气体保护焊。

图4-10　CO_2气体保护焊焊接镶补件

6 整平焊缝　如图4-11所示，用钣金锤敲击整平焊缝，以消除焊缝及四周的焊接应力。

图4-11　用钣金锤敲击整平焊缝

7 **修磨平镶补件** 如图4-12所示，用磨光机按照规定的操作程序修磨平镶补件。

图4-12 修磨平镶补件

3. 挖补技术的要求

① 修复后的钣金件应恢复原来的几何形状和尺寸，并准确定出连接栓孔的位置，防止螺栓孔错位，无法安装修复后的钣金件。

② 挖补修理后的钣金件应表面平整，圆弧光滑过渡，焊缝牢固，无假焊、脱焊、漏焊和气孔等现象。

③ 修复后的钣金件必须保持原构件的刚度和强度。

④ 制作的镶补材料应与原构件材料的厚度和成分相一致。

⑤ 对几何形状复杂的构件，在挖补前先制作标准样板，并在修理过程中随时用样板检验。

⑥ 挖补范围不宜超过整个构件面积的1/3，若超过1/3则予以更换。

项目十二 车身表面坑和包的检查与修复

一、车身表面坑和包的检查

在汽车使用过程中，由于多种原因会在车身表面上造成一些坑、包、划伤、裂纹、褶皱、拉延压痕等各种缺陷。由于车身表面的坑、包缺陷属于常见缺陷并且不容易检查出来，所以必须采取相关的方法进行检查。下面具体介绍一下各类坑、包的检查方法。

> **1** 目视检查　通过人的双眼直接发现车身凹坑的位置及类型，这种检查方法容易、快捷，需要有丰富的实际生产经验。通常是利用充足的光线，采取一定的角度，对车身各个部位进行仔细观察。

由于车身表面感光度比较差，对于一些小凹坑用目视检查难度比较大，必须借助定影灯进行照明检查，如图4-13所示。在定影灯光的折射作用下，很容易发现这种坑、包。

图4-13　用定影灯检查车身凹坑

> **2** 手感检查　手感检查是车身表面检查的一种主要的检查方法。由于车身表面感光度差，一些坑、包很难用目视方法检查出来。利用手掌的灵敏度触摸车身表面可以发现这些坑、包。

如图4-14所示，手感检查主要是将手掌放平，四指并拢，放在需要检查的部位。手掌要和车身表面贴合，用适当的力在贴合面上往返感受车身表面。摸到凹凸处时会有异样的感觉。

> **3** 油石检查　用油石可以准确检查出车身表面上坑、包缺陷的位置及大小，以及检查修复过程中缺陷变化的情况。油石的使用方法如下。

① 使用时首先要清除油石及车身表面上的油污和一些杂质。
② 油石在运行过程中应注意要与车身表面紧密贴合，运行力度要均匀适中，不要用力过大，作用力要均匀分布在油石作用面上，不可倾斜一侧。

图4-14　手感检查车身凹坑

③ 油石检查过程中，发现异响时要马上停止工作，用纱布清除其表面杂质或铁屑后，重新使用。

④ 在检查弧面时，要把油石倾斜一定角度，角度的大小与弧面的弧度有关，弧度越大，倾斜的角度越大。

⑤ 油石在车身表面上每次运行的痕迹宽度要超过油石面积的一半以上，调整油石与运行方向的角度，可以增加运行面积的宽度。

⑥ 通过油石检查弧面后一定要用手感重新检查，手感发现异常处是油石检查不到的缺陷（油石在一定弧面上或弧面缺陷比较大时检查不到）。

⑦ 在检查时，油石运行的距离与检查的位置有关，行程要保持一定长度，不可过长或过短。通过油石在车身表面滑过时产生的痕迹来显示表面的实际凹陷和凸起状况，油石磨痕在车身表面形成突出的亮点即为凸起包，油石磨痕在车身表面断续的部分即为凹陷坑。

二、车身表面小坑的修复

1. 小坑的特点

小坑是车身钣金件中较为常见的缺陷，主要指那种面积不大，深度也比较浅的坑，如图4-15所示。相比其他类型的缺陷，消除也较为容易。

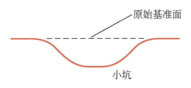

图4-15　小坑的形状

2. 小坑顶起操作

① 首先根据小坑所处的位置，选择形状大小合适的小型撬棍。

② 如图4-16所示，将撬棍伸入车身内，微微用力在外板内侧来回轻轻滑动，力量的大小以不使钣金件产生凸起变形，而在外面又能看到撬棍头部滑动的位置为准，注意观察撬棍头部的位置，逐渐将撬棍头部对准小坑的最低点，然后向上顶起。

③ 顶起时目视小坑顶起的幅度，当凸出部分刚刚超过钣金基准面时停止用力。用撬棍顶起坑的这项技术是钣金修复法最快捷、有效的技术之一，必须要要求着点准确，力量恰当。

图4-16　用撬棍顶起小坑

3. 小坑拔起操作

对于一些在撬棍顶不到位置的缺陷，如车身上双层板或多层板的部位，可以采用拉拔修复，如图4-17所示。具体操作如下。

图4-17　小坑拔起操作

① 对小坑进行观察分析，使用涂胶枪把已经加热的胶小心地涂在转接器上。

② 将涂过胶的转接器立即粘贴在小坑的中心上，向下按紧转接器并停留2～5min。尽可能在胶体的边缘留出一道小缝，便于稍后使用残留胶清除剂。

③ 将拔起器套在转接器上，有些拔起器与转接器通过螺栓相连。

④ 使用定影灯观察小坑的情况，然后用适当的力向外拔使小坑恢复到原始的位置，如果拔的力过大，会使小坑上拱，使用锤子修平整即可。

⑤ 使用定影灯观察修复情况，确保完全恢复原始的位置后使用残留胶清洗剂喷向小坑涂胶处，使试剂能从胶体的后面渗入，然后小心取下转接器，最后将车身表面清洁干净。

三、车身表面漫坑的修复

1. 漫坑的特点

漫坑通常指坑的面积比较大，但不是很明显而且没有死点，一般是由车身调整过程中引起的，如图4-18所示。

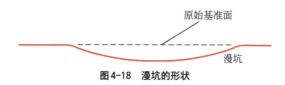

图4-18 漫坑的形状

2. 变形撬棍顶在漫坑上的操作

修复漫坑时，根据坑的形状采用不同的方法进行修复。当漫坑为圆形时，要从中间向周围分散修复，顶起时采用交错梅花点的点位修复，如果从周围向中间修复，修复到最后中间点的位置容易产生因应力造成的死点。当漫坑为长条状时，修复时首先要定准基准面，修复时保持与基准面一致。通常选用扁形头撬棍修复，如图4-19所示。

图4-19 用变形撬棍顶在漫坑上

3. 校正漫坑的操作

无论用撬棍还是用拔坑器修复，要点相同，在修复漫坑时，需要多次用力顶坑（或拉拔），采用顶坑的方式时，先顶坑的最深处，顶起的幅度不要过大；然后再选择坑的最深处；依次逐渐地将漫坑处恢复到原尺寸状态，如图4-20所示。

注意：每次顶坑时不能用力过大，顶起即可，否则会造成该区域钣金不规则的波浪，高高低低，像起伏的山脉，坑没有消除，又出了包，金属板材承受多次反复高低变形，板材晶体会发生较大的损伤，难以修复。

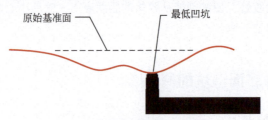

图4-20　用圆形撬棍头顶在最低凹坑

四、车身表面死点坑的修复

1. 死点坑的特点

通常面积较小且较深，底部尖的坑，称为死点坑，如图4-21所示。修复时方法不当，会使修复面积越来越大，或在死点处修漏，此类坑修磨不良，会产生报废。

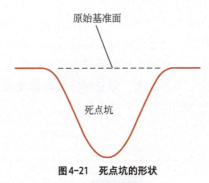

图4-21　死点坑的形状

2. 圆形撬棍头顶死点坑的操作

对于死点坑采用撬棍修复，根据死点坑的具体情况选择不同型号的撬棍头部尖角。顶坑时，撬棍头部顶住坑底部的最低点，也就是尖部，如图4-22所示。

3. 校正死点坑的操作

坑尖处隆起后，有时周边会出现凹坑，需要再顶周边的坑，如图4-23所示。依次下去，每次顶坑幅度不要过大。最后，恢复到原始设计尺寸。

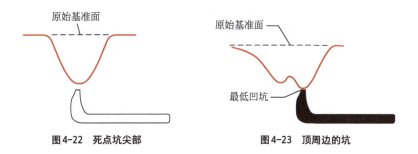

图 4-22　死点坑尖部　　　　　图 4-23　顶周边的坑

五、车身表面小包的修复

1. 小包的特点

与原始基准面相比，凸起较小，无尖点，头部较圆滑的包称为小包，如图 4-24 所示。

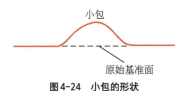

图 4-24　小包的形状

2. 垫铁修复小包的操作

如图 4-25 所示，将垫铁垫在小包钣金件的底部，再用钣金锤敲击包的顶部，把包敲击至与原始基准面相一致，但在敲击过程中，不要使钣金件产生塑性变形及硬化现象。

图 4-25　钣金锤敲击包的顶部

3. 冲子修复小包的操作

如图 4-26 所示，将冲子顶在包的顶部，用锤子或打板敲击冲子顶端，在敲击过程中，敲击力度要由轻变重，最后使小包逐渐消失。

图 4-26　用冲子将小包敲平

六、车身表面漫包的修复

1. 漫包的特点

将面积较大，无尖点，起伏弧度较大的包称为漫包，如图 4-27 所示。

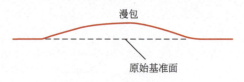

图 4-27　漫包的形状

2. 木锤修复漫包的操作

在漫包的修复过程中，通常采用木锤、木垫、尼龙板、尼龙冲子和一些打磨工具。由于漫包的起伏面积较大，可以将木垫置于包的背部，用木锤轻轻敲击漫包的顶部来修复，如图 4-28 所示。包的面积较大，选择木垫的宽度就大一些；反之，木垫的宽度就小一些。

图 4-28　木锤修复漫包操作

3. 校正漫包的操作

第一次敲击后，包顶部略低于周边而高于钣金件基准面时，应该在另一个后形成的小包处（此小包与其他处相比为最高点）采用尼龙垫板配合小锤进行敲击，如图4-29所示。依次敲击下去，直至漫包表面平整。但要注意随着包的面积的减小，应合理更换小型垫板。

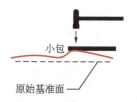

图4-29　用尼龙垫板校正漫包

七、车身表面尖包的修复

1. 尖包的特点

与周围的基准面相比有一个较明显的凸起，凸起的面积小且有尖点，称为尖包，如图4-30所示。

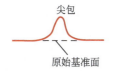

图4-30　尖包的形状

2. 尼龙棒尖修复尖包的操作

如图4-31所示，首先将尼龙棒尖对准尖包的包尖，用小尼龙锤敲击尼龙棒端部，尖包的尖部下降后，会带动周围部分凹陷下去。

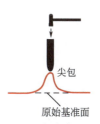

图4-31　敲击尖包

3. 校正尖包的操作

不要去顾及凹陷的部位，要继续对尖包的顶部进行敲击，直至尖包恢复到与周围的基准面一致，如图4-32所示。

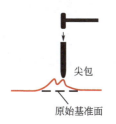

图4-32　重复性敲击校正尖包

chapter
five

| 第五章 |

车身覆盖件的修复

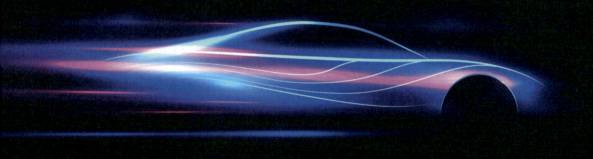

项目十三 车身覆盖件的修复概述

一、车身覆盖件的结构特点

车身覆盖件根据在车身上的位置可分为车身前部覆盖件、车身中部覆盖件和车身后部覆盖件,如图 5-1 所示。车身覆盖件一般由双层钢板组成,外侧的钢板称为外板,内侧的钢板称为内板。因内外板中部为空心,边缘点焊连接,所以刚度较大,内外板组合式车身覆盖件对拉深加工工艺要求较高,成本较高,但适用各种复杂造型的情况,且重量轻。内外板组合式车身适于大规模生产,现代轿车车身覆盖件基本都采用内、外板组合式结构。

图 5-1 车身覆盖件

二、车身覆盖件的修复方法

车身覆盖件的损坏大部分表现为车身表面凹凸变形,一般可采用锤击法(图 5-2)或顶拉法修复。车身覆盖件的损坏主要分为较小的车身凹凸性变形和较大的车身凹凸性变形。

图 5-2　锤击法修复车身覆盖件

1 **较小的凹陷**　可把垫铁垫在凹处最低部位的背面，用锤敲击凸起处，并相应改变垫铁位置。当凸起处基本敲平，凹陷部位由于垫铁的反作用力，也会大部分恢复。然后观察钣金件的总体平顺情况，有针对性地做一些细微的修整，使车身凹凸损伤修复。

2 **较大的凹陷**　可用垫板垫在凹陷部的背面，用撑顶工具直接顶起，为减少顶出力，必要时可把凹陷部位加热至暗红色，顶出时应考虑回弹。如表面有较大的延展性凸起，可使延展处金属适当收缩，如损伤部位难以放进垫铁，可在凹陷部位钻孔，孔数尽可能少，孔径尽可能小，然后用铁丝折成钩形，从孔内扣牢，再施以外力拉伸，待合乎要求时，抽出铁丝，焊孔磨平。

项目十四

车身覆盖件修复技能

◆ 一、敲击整形修复钣金件 ◆

敲击整形修复钣金件主要针对凸起的部分进行整形。敲击的关键在于落点的选择，一般应遵循"先大后小、先强后弱"的原则，从变形较大处起顺序敲打，并保证锤头以平面落在钣金件表面上。同时还要注意分析钣金件的结构强度,有序排列钣金锤的落点,锤击过程中应保证间隔均匀、排列有序,直至将车身覆盖件的表面损伤修平。

1. 钣金锤及垫铁修复方法（图5-3）

车身覆盖件表面发生的凹凸变形均可用钣金锤及垫铁予以修整,应将垫铁放在受损钣金件的内圆,用钣金锤锤击方法对其施加压力而使其抵在钣金件的内表面上,从而修复车身覆盖件的凹凸变形。

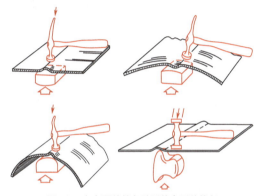

图5-3 车身覆盖件各种形状变形的修复

2. 钣金锤及撬镐修复方法

将撬镐直接插入钣金件下部,通过撬镐的头部将合适大小的突出点撬起,然后用钣金锤进行敲击,整平车身覆盖件。如图5-4所示,利用钣金锤及撬镐来修复车门的凹陷。

注意：由于撬镐能伸及的范围比较大,所以撬镐一般用来撬起内部钣金件总成上的凹陷。

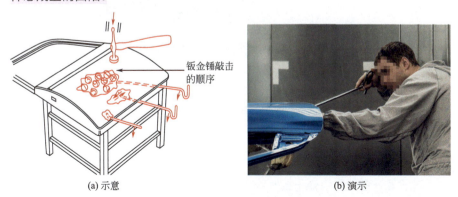

(a) 示意　　　　　　　　　　　　(b) 演示

图5-4 利用钣金锤及撬镐来修复车门的凹陷

二、拉出凹陷整形修复钣金件

对于一些无法使用撑顶办法修复的车身覆盖件，如车身上双层板或多层板的部位，可以采用拔坑器修复（以电焊拔坑器为例），其优点是不用破坏内板，快捷简便。缺点是电弧容易造成较深的焊接连接点的痕迹，不易去除。所以操作时一定要注意避免焊接痕迹的产生。修复凹坑时，注意根据小坑的位置、大小、钣金件的薄厚选择合适的电流。若电流过小，则电极头与金属板粘接不上。若电流过大，易产生击穿或产生较深的焊接痕迹。具体操作如下。

① 首先用砂轮机将车身凹陷表面的漆层打磨干净。

② 操作前，检查电极头是否清洁，清除氧化层。若不清除氧化层，则会产生焊接不良，焊点无法承受将坑拉起的拉力。对小坑表面也要进行清洁，防止因油污出现炸点。

③ 如图5-5所示，将拔坑器的地线搭接导电良好的车身表面，将拔坑器的电极头保持垂直状态抵触在小坑的中心位置上，按下按钮接通电流，使电极头焊接到车身表面上。

④ 用合适的力度沿垂直方向缓慢将小坑拔起至略高于基准面，然后沿轴线方向旋转，使电极头脱离车身（此时如果脱离轴线，将会导致焊接处变形）。

⑤ 用砂轮机将车身凹陷的焊接痕迹打磨干净。

图5-5　拉拔车身凹坑陷

三、表面收缩整形修复钣金件

1. 表面收缩整形修复特点

对于薄钣金件周边处于拉紧状态而引起的中间隆起，应通过锤击法延展、放松钣金件的周边，不应再敲击凸鼓中部以免变形加大。

用锤子在四周开始锤击并逐渐向中间移动；其中，锤击边缘时的力度要大、击点要密，随着击点向中心的移动，力度应逐渐减小并使击点逐渐变疏。如此，钣金件就可从四周开始延展、放松，并趋向至隆起面的中心，变形自然会被消除。

2. 表面收缩整形修复灯座

① 确定灯座变形位置。
② 如图5-6所示，用合适的锤子敲击凸起部位。

图5-6　敲击凸起部位

③ 如图5-7所示，将变形的部位漆面打磨掉。
④ 继续用锤子将凸起部分整平。

图5-7　打磨漆面

四、钣金件皱褶的展开修复

1. 皱褶的展开修复特点

在钣金件皱褶处，用锤击法施加与撞击力相反方向的力来校正，将皱褶拉展开，使皱褶缓解。锤击钣金件表面时能使部分钣金件被挤压到凹槽中形成波浪状而产生金属的堆积,从而将延展的钣金件表面拉紧收缩,凸起变形也随之被消除。皱褶的展开修复操作如图5-8所示。

图5-8 皱褶的展开修复操作

2. 皱褶的展开修复后翼子板

① 如图5-9所示,找出皱褶的折线,用打磨机将最深处钣金件上的油漆打磨干净。

② 调整焊机的合理的焊接参数焊接垫圈,如图5-10所示。

图5-9 打磨油漆

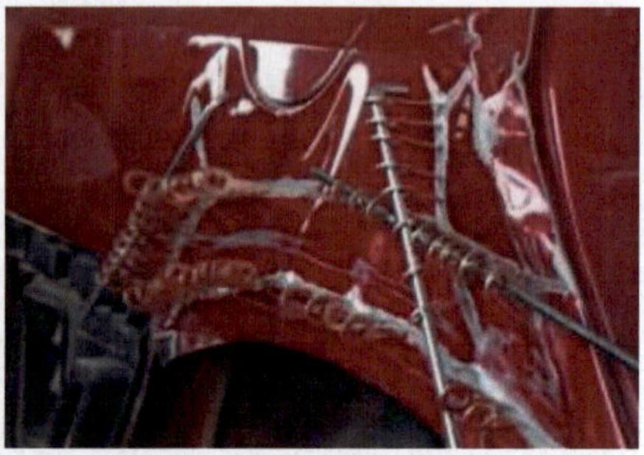

图5-10 焊接垫圈

③ 修平皱褶。如图5-11所示,选择强力拉拔组合工具并安装好后进行拉拔,可反复拉伸几次,直到把皱褶展开,然后用钣金锤敲打拉伸部位周围的钣金件,使其消除应力。松开把手后调整螺杆的长度,重新进行拉伸即可修复。

图5-11 修平皱褶

五、火焰加热修复钣金件

当车身覆盖件局部受到外力碰撞挤压后,它就形成凹凸、翘曲等伸展变形,其中伸展部分厚度变薄,面积增大。为了使变形的部件恢复到原来的形状,需要采用热矫正法使伸展的部分收缩,具体的操作方法如下。

① 首先利用焊炬火焰将伸展中心加热至缨红色(图5-12),但注意不要将车身覆盖件熔化或烧穿,加热范围的大小根据伸展程度确定,伸展程度大,加热范围就大;伸展程度小,加热范围就小。

图5-12 用焊炬火焰加热

② 如图5-13所示,加热后急速敲击缨红色区域的四周,并逐渐向加热点的中心收缩,迫使金属组织收缩。敲击时应用合适的垫铁垫在部件敲击处背部,然后用铁锤轻轻敲击整平。敲击的力量要适度,敲击过重会使已经收缩的部分重新变得松弛。

图5-13 敲击整平

六、无痕修复车身凹陷

免喷漆车身凹陷修复主要针对车身覆盖件,如翼子板、车门以及发动机机舱盖、车顶等部件进行的无痕修复技术,特点是可以在不损伤原车漆面的条件下将车身覆盖件恢复原车的弧度或形状。免喷漆车身凹陷修复主要是利用光线折射的视觉效果判断车身凹陷的具体位置和程度,应用杠杆原理从凹陷的背面完成推、拉、顶等动作,逐渐将车身凹陷恢复原状,实现对车身凹陷的快速的修复。以车顶的小凹陷为例,免喷漆车身凹陷修复工艺如下。

1 凹陷拔起器修复凹陷

① 使用定影灯观察凹陷的损坏情况,以便制定更好的修复方法。

② 确定修复方法后,选择好凹陷修复工具(包含凹陷拔起器及尼龙拔头等),如图5-14所示。

图5-14 凹陷修复工具

③ 对凹陷进行观察分析,使用涂胶枪把已经加热的胶小心地涂在尼龙拔头上,然后将涂过胶的尼龙拔头立即粘接在凹陷的中心位置上,同时向下按紧尼龙拔头并停留2~5min,使尼龙拔头粘接牢固。尼龙拔头的安装数量根据车身凹陷的面积来确定。

④ 如图5-15所示,将凹陷拔起器套在尼龙拔头上,然后用适当的力压凹陷拔起器的手柄,使凹陷慢慢地恢复到原始位置。如果拔的力过大,会使凹陷上拱,必须使用橡胶锤修平整。

⑤ 将残留胶清洗剂喷向凹陷涂胶处,使试剂能从胶体的后面渗入,然后

图5-15 修理车身上的凹陷

小心取下尼龙拔头。

⑥ 使用定影灯观察修复情况,确保完全恢复原始的位置后将其表面清洁干净。

> **2** 撑顶工具修复凹陷 首先拆开车顶的顶篷,然后将撑顶工具从顶篷上伸入,注意观察撬棍头部的位置,逐渐将撬棍头部对准小坑的最低点,然后向上顶起凹陷,使其慢慢顶回到原始的位置,如图5-16所示。如果撑顶的力过大,会使凹陷上拱,必须使用橡胶锤修平整。

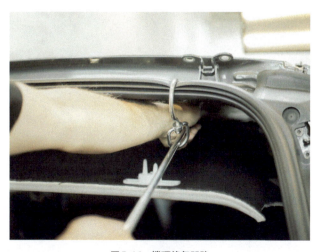

图5-16 撑顶修复凹陷

3 喷漆车身小包修复工艺 与原始基准面相比，凸起较小，无尖点，头部较圆滑的包称为小包。此类未伤及车漆的小包可以采用橡胶冲子顶在车身表面小包的顶部，用锤子敲击橡胶冲子顶端（图5-17），在敲击过程中，敲击力度要由轻变重，最后使小包逐渐消失。免喷漆车身小包修复工艺不仅修复快捷，而且成本比较低，成为车身修复的主要技术之一。

图5-17 橡胶冲子修复车身小包

chapter
six

第六章

车身结构件及事故车的修复

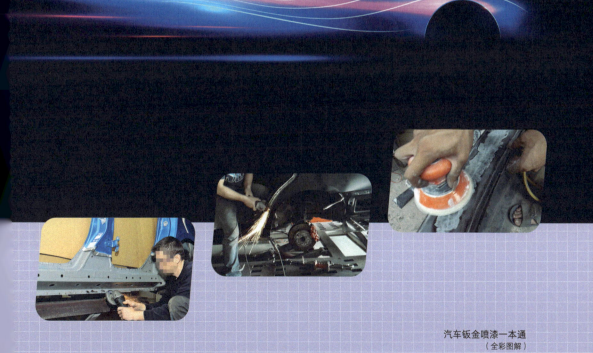

项目十五 车身结构件校正修复

一、车身结构件校正理论知识

1. 车身结构件校正原理

如图 6-1 所示,车身结构件校正原理是利用力的合成、分解、可移性及平行四边形法则,按与车身碰撞力大致相反的方向牵引或顶压变形部位,使损伤的车身结构件得以修复。

由于车身结构件多属于立体刚架式结构,这就决定了其碰撞时的受力状态多为空间力系,即作用在车身结构件上的冲击力由于分解的结果,使力的作用线不在同一平面内。因此,许多变形都很难通过一次矫正来完成,而是需要不断修正力的大小和方向,有时甚至还要调整校正力的作用点。在车身变形校正时要边校正、边观察、边测量、边调整等。

2. 车身结构件校正注意事项

① 校正变形前应将与车架装配在一起的有关总成的连接螺栓松开,必要时应当拆下,以免校正过程中形成

图 6-1 车身结构件校正原理

的相互位移将其损坏。

② 由于车身结构件强度较高，固定点、牵引点以及支撑点的布置应尽量合理，以防止结构件受到的应力过于集中。

③ 对不适宜就车校正的变形，应及时改变修复工艺，不要强行拉伸校正。

④ 校正完成后，还应检查车身结构件各部的铆钉有无松动，若松动应予以拆除并更换。

二、车身结构件校正修复操作技巧

① 拉伸操作前，检查链条、钣金工具、拉环是否完整，没有破损、裂口、大划伤方可使用。

② 拉伸时塔柱紧固螺栓要拧紧，导向环高度不能超过警戒红线。

③ 检查链条、锁紧机构，链条不能扭曲，所有链节在一条直线上；导向环手轮拧开。

④ 拉伸时注意拉伸力不要超过链条额定载荷。

⑤ 拉伸时不要敲击钣金工具及链条。

⑥ 拉伸时，相关人员不要站在链条受力方向所在的直线上，需站在受力方向所在直线的侧面至少1m的距离进行操作。

⑦ 当拉伸力比较大时，应在拉伸方向相反一侧用链条将车辆固定在平台上，如图6-2所示。

⑧ 启动液压油泵，开始拉伸工作。

图6-2　用链条将车辆固定在平台上

项目十六 事故车钣金件的修复

一、前部碰撞的修复

1. 前纵梁和前翼子板内加强件的校正

首先按与撞击相反的方向拉拔换件侧的纵梁，然后修复修理侧的翼子板内加强板和纵梁，最后修复换件侧的翼子板内加强板和纵梁的安装部位。

一般情况下，修理侧的整个翼子板内加强板和纵梁往往只是向左或向右偏斜。由于长度方向实际上并未发生扭曲，修理过程中，在注意修理情况的同时，应不断地测量对角线长度，并校正其距离。为了提高作业效率，可同时拉拔纵梁与翼子板内加强板上部的加强件。如果修理侧的纵梁朝外侧偏斜，则应朝前转一个角度拉拔，同时要注意监测对角线的变化；如果修理侧的纵梁朝内侧偏斜，则也应朝前转一个角度拉拔（图6-3）；如果修理侧的纵梁损伤严重，则应在对角线长度正确的点处把横梁和散热器上固定板拆开，分别进行修理。

图6-3 前纵梁校正

2. 前支柱和前围的校正修复

对于换件侧的前翼子板内加强板和纵梁的修理，主要的修理部位是前围。

如果碰撞严重，则损伤可能波及前支柱，车门的定位也会受到影响。仅仅简单地夹住翼子板内加强板前缘处进行拉拔，并不能修复前支柱和前围的主要损伤，而应在安装部位附近截断内加强板和纵梁，在主要损伤部位附近夹卡，然后进行拉拔，如图6-4所示。在对前支柱向前进行拉拔的同时，还可以用一个液压动力推杆从内侧撑顶。

图6-4　前围的校正

3. 散热器框架变形修复

当前部碰撞只是出现轻微的变形，如散热器框架出现变形，此时可以将拉拔器固定在散热器框架变形的部位，然后通过操纵拉拔器来拉拔校正散热器框架的变形，如图6-5所示。

图6-5　校正散热器框架

二、后部碰撞的修复

1. 后纵梁校正方法

1 **校正操作** 如图6-6所示,首先将夹持器或挂钩固定在后纵梁、后备厢地板的后部,然后边拉拔边对车身下部每个尺寸进行检测。在后纵梁被挤进轮罩或者后门缝有变形的情况下,不要夹持及拉拔变形不大或未出现变形的翼子板,应只对纵梁进行拉拔来消除翼子板内的变形应力。

图6-6 后纵梁校正方法

拉拔时所设定的牵引方向应视变形的实际情形而定。如果纵梁变形向外倾斜,应将牵引方向适当向外倾斜一定的角度;如果变形是向内倾的,只需向前牵引即可,待弯曲的纵梁复位后再确定是否需要调整牵引方向。牵引过程中应不断测量车身关键参数,循序渐进地施加牵引力,不要急于求成一次进行拉拔,以免造成二次损伤。如弯曲较为严重的纵梁,纵向牵引不能使其完全复位时,还要于侧面附加水平方向上的牵引力。

2 **校正注意事项** 在进行后纵梁拉伸校正的过程中,有一些钣金工会对纵梁损伤区域使用氧-乙炔焊进行加热,然后进行拉拔。因为纵梁加热后比较容易拉拔,但是加热过程中导致纵梁钢板的晶粒变得粗大,从而造成钢板强度降低。所以在对车辆的车身进行维修时,应尽量避免加热,尤其是加强件、梁等部位一定不可以用加热的方式进行维修。如果非要加热,加热面积应尽量小,加热温度不超过700℃(暗红色)为宜,校正后缓慢冷却。

2. 后围板校正方法

追尾碰撞造成的后车身变形，如果只是后围板的轻度变形，也可用夹具置于后围板内侧固定拉链进行拉拔校正，如图6-7所示。牵引时牵引点尽量布置得分散些，以免发生局部变形。但是如果后围板存在严重的变形，则需要将损坏的后围板用氧-乙炔焊切割掉，然后对车身进行校正。当后尾部校正完成后，用一块新的后围板重新焊接上去即可。

图6-7 后围板校正方法

三、车身侧面碰撞的修复

车身侧面如果碰撞程度较轻，则造成车身侧面外侧板凹陷，可对车身侧面进行拉拔修复。但如果碰撞严重，会导致车门、门中立柱、车顶、横梁等发生变形，使前、后车身偏移，则需要针对每个部位进行慢慢拉拔修复，如图6-8所示。在拉拔时，对于车身固定，应根据车身的结构和拉伸校正的需要来确定

图6-8 横梁的校正

固定点。为使拉伸校正时的车身更加稳固,防止车身变形,有时需要另外再找出几处车身固定点。

四、翼子板碰撞的修复

汽车前、后翼子板被撞常常是由于汽车追尾或是撞到其他固定物而造成损伤,其损伤往往因受力很大,会出现塌陷(凹坑)、不规则的褶皱或两者同时产生,并出现死褶等。维修时必须设法将褶皱展开平整。若条件允许,可用撑拉法解开褶皱,然后再敲平;若条件不允许,需分解拆除后,在车下展开褶皱进行平整修复。

1. 翼子板正面碰撞的修复

① 拆下前照灯圈及灯座等,将垫铁垫于前照孔内,使垫铁两端卡住灯孔的弯边。

② 把钢丝索的一端系在垫铁上,另一端系在墙柱等牢固的固定物体上。

③ 倒车自行拖拉,使皱褶逐渐打开,但个别的小死褶未缓解。

④ 卸下翼子板,在平台上进行修整。用氧-乙炔火焰对死褶进行加热,并用撬具撬开。加热一段撬开一段,使其缓解。

⑤ 将翼子板凹面向上置于平台上,由翼子板里侧敲平活褶,边敲边转动翼子板。

⑥ 将里侧基本敲平的翼子板翻转过来,即凸面向上,用垫铁垫在里侧,由外向里继续敲击,最终使皱褶完全展开。

⑦ 两面均敲平后,将翼子板装在车上,用锤子和垫铁进行一次全面修整。

2. 翼子板侧面碰撞的修复

① 首先用砂轮机将翼子板凹陷表面的漆层打磨干净。

② 检查拔坑器电极头是否清洁,清除氧化层。若不清除氧化层,则会产生焊接不良,焊点无法承受将坑拉起的拉力。对小坑表面也要进行清洁,防止因油污发生炸点。

③ 如图6-9所示,将拔坑器的地线搭接导电良好的翼子板表面,将拔坑器的电极头保持垂直状态抵触在翼子板小坑的中心位置上,按下按钮接通电流,使电极头焊接到翼子板表面上。

④ 用合适的力度沿垂直方向缓慢将小坑拔起至略高于基准面,然后沿轴

线方向旋转，使电极头脱离车身（此时如果脱离轴线，将会导致焊接处变形）。

⑤ 用砂轮机将翼子板凹陷的痕迹打磨干净。

⑥ 翼子板的边缘处应用专用的垫铁在里边垫托，垫铁的边缘要对准弯折线，一手持锤从正面弯折线外缘敲击。逐渐移动垫铁，循序渐进，使翼子板边缘逐渐恢复原形，直到全部平整。如果翼子板侧面碰撞严重损坏，则需要切割掉原来的翼子板，更换上新的翼子板。

图6-9　翼子板侧面碰撞的修复

五、车顶损坏的修复

在承载式车身轿车上设置了压扁区，其目的在于控制和吸收撞击力，减少结构破坏，增强对乘车人的保护，因而不要拆除任何一个压扁区。另外，修理时要按汽车制造厂家的建议校正或更换带有压扁区的零件。

1. 车顶受到物体撞击后的修复

① 首先拆卸汽车车顶绝缘板，之后按以下步骤进行操作。

第一步：用旋具等工具卸下压条及其他相关零部件。

第二步：逐步割断胶黏剂，并将绝缘材料取下来。

第三步：将残留的胶黏剂清除干净。

② 用液压或机械千斤顶将大凹坑顶出。

③ 经过顶出或拉拽后的车顶，可能会由简单的大面积单一凹陷变成小面积凹凸不平，这时应按与撞击相反的顺序进行修复。

④ 校平整个车顶。

2. 事故造成车顶严重损坏的修复

① 用氧-乙炔焊炬使油漆软化，用钢丝刷或刮刀将油漆除掉。

② 用手提砂轮机拆除焊点。

③ 从汽车上拆下车顶，如图6-10所示。

④ 将更换的车顶置于车上并对正位置后，用夹钳固定，然后临时将其点焊在该位置。

⑤ 检查车身所有框架部位的尺寸和形状。

⑥ 准确无误后，将车顶牢固地焊接在该位置上。

图6-10 拆下车顶

六、铝车身的修复

1. 铝质面板的修复

铝质板件的厚度通常是钢质板件厚度的1.5～2倍，其熔点较低，在加热时极易发生变形。碰撞变形后，受加工硬化的影响很难二次成形，如果强行修复会使损伤部位出现裂纹甚至发生断裂。所以，当铝材受到一定程度的损伤后，应对受损部件进行分体或总成更换（生产厂家不建议修复）。在进行铝质结构件更换时，连接处一般很少采用钢质车身修复所采用的焊接方法，而是采用粘接或粘接、铆接共用的方法。由于更换铝材的费用比较高，所以对一些轻微损伤的面板会采取某些方法进行修复。

① 由于铝材的可延展性较强，在受到碰撞后，很难恢复到原来的形状和尺寸。修复时可使用木锤或橡胶锤进行碾锤错位敲击，以减少铝材的延伸。如

必须采取碾锤正位敲击，应采用多次的轻敲方式，否则将会加重铝材的损伤程度。铝质面板修复前，首先区分其变形的类型。对隆起部位使用木锤或橡胶锤进行弹性敲击，以释放撞击产生的应力，这样可减小坚硬折损处弯曲的可能性。凹陷部位修复时不要使其每次升起得太多。应避免拉伸铝材。在铝质面板修复时，也可使用铝整形机对损伤部位进行校正，在修复到位后使用专用工具将焊接的介子卸下，然后打磨平整焊痕。

② 在进行铝板校正前，应对铝板进行适度的加热，这与传统的钢板修复有着明显的区别。如果不加热，施加校正力会引起铝板开裂。但由于铝熔点较低（680℃），如加热过量会造成铝材变形或熔化。所以，在对铝板进行加热前，应使用120℃的热敏涂料或热敏"笔"，在损伤部位周围画一个半径为20～30mm的环状标志。这样在加热过程中可以通过颜色的变化，对温度进行实时监控。

③ 当铝质面板发生延伸时，可采取热收缩的方法进行处理。操作时应缓慢冷却收缩部位，不可使其急速降温，从而避免过度收缩造成板材变形。

铝质面板的修复方法具体如下。

1 使用橡胶锤或木锤修复　对于铝板上的隆起部位，维修技师可以用橡胶锤或木锤配合使用木顶铁进行错位敲击，以减少铝材的延伸。如必须采取正位敲击，应多次轻敲，否则将会加重铝材的损伤。

注意：用于钢板维修的收缩锤或收缩垫铁不能在铝板上使用，否则容易造成铝板开裂。

2 使用撬棒修复　对于铝板上的小凹陷。可以使用日光灯找到凹陷位置（在日光灯的照射下，凹陷部分的宽度和深度一目了然），再用撬棒从板件内侧慢慢往外顶，直到整个凹面平整，但要注意不能过度顶压。

3 使用铝外形修复机修复　一些不便于用敲击法或撬棒法进行修复的部位，可以使用铝外形修复机进行修复。铝外形修复机和钢板外形修复机的工作原理相同，也是在板件上焊接介子，操作时要注意铝板焊接的介子是铝焊钉，在焊接介子后要使用拉伸工具对铝板进行拉伸，以达到预定修复效果。下面以车门板损伤修复为例，介绍铝外形修复机的使用方法。

① 作业人员做好安全防护工作，准备好设备和工具，然后进行定损（目

测法、手摸法、直尺法）。

② 打磨漆层，直至金属表层完全裸露，注意须把铝合金上致密的氧化膜打磨掉，否则因为该氧化膜耐高温，很难用铝外形修复机把焊钉焊上去。打磨好后须马上进行焊接作业，以防二次氧化。

③ 因铝合金板件需加热到一定温度才可以进行修复，所以要先贴上温度指示贴，加热到温度指示贴变色为止。

④ 参照手册介绍的安装步骤，连接铝外形修复机，并调试作业参数。

⑤ 先装好铝焊钉，然后再连接焊枪，把焊钉焊在凹陷位置上。

⑥ 用单臂整形架慢慢拉伸凹陷，边加热边拉伸，如图6-11所示。

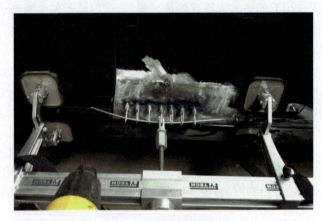

图6-11 铝质面板的修复

⑦ 完成拉伸后，用钳子钳掉凸出板件表面的焊钉。

⑧ 利用铝锉刀对修复表面进行打磨后修复完成。

2. 铝质板材的焊接

在通常情况下合金铝是可以使用惰性气体焊接的。但是，由于在焊接过程中的退火作用，焊接处的强度损失较大。修复后，车辆自身振动和行驶的颠簸会造成焊接处产生裂纹。但尽管如此，焊接在铝质车身修复中也并不是可有可无的。在进行结构件更换时，通常需要在结构件之间使用焊接的方法，以增强车辆的整体性和导电性。

在焊接时要注意以下几点，以确保最终的维修质量。

① 在进行铝焊接时，除按操作规范做好车身的防护工作外，还应注意金属镁或铝镁合金是不能焊接的。因为该金属易燃烧，一旦发生燃烧，灭火器无法将其扑灭，而只能使用一种特制的化学制剂。所以在进行铝车身修复前，应

查看相关资料以确认板材的成分，并严格按照厂家的要求进行修复操作，不该焊接的部位绝不能进行焊接。

② 焊接前应使用石蜡或油脂清除剂对焊接部位进行清洁。对表面有涂层的部位，应使用装有80号砂轮的砂轮机磨去周围的涂层，使金属表面裸露出来，从而确保焊接质量。

③ 按照焊机的使用说明调整电压和送丝速度，但说明书上给出的数值一般只是大概的数值，还应该根据自己的经验和实际情况做出相应的调整。进行钢质车身焊接时，将电压和送丝速度调整到正常值，焊接部位会发出平稳清脆的"吱吱"声，而进行铝材焊接时会发出平稳沉闷的"嗡嗡"声。

④ 在进行铝质板材焊接时，应使用铝焊丝和100%氩气，相对于焊接钢质车身气体流量应增加50%。焊枪与焊接部位应接近垂直，并且采用正向焊接法（左焊法），不能在铝板上进行逆向焊接（向前推焊接），以免熔池过热造成塌陷或击穿。进行立焊时，应从下面开始向上焊接。

3. 铝质车身板件的更换

铝质车身板件受到撞击无法恢复时，应采取局部或整体更换的方法进行修复。特别是在铝质板材损伤部位出现裂纹或断裂现象时，必须更换铝质车身板件。

① 分离铝质板件时，可使用切割锯、切割砂轮等工具，这与钢质板件分离没有太大的区别，但禁止使用氧-乙炔焰切割铝质板件。由于铝质车身的铆钉通常是用高强度特殊合金材料（如硼钢）制成的，不能采用传统钻除方法去除，去除这种铆钉的正确方法是在铆钉顶部使用焊机焊接介子销钉（不可重复使用），然后用专门的拉拔工具将铆钉拔出。焊接介子销钉前，应对铆钉顶部的漆面进行打磨，在拉拔时，专用工具与铆钉保持垂直状态。

② 传统的车身部件连接通常使用机械紧固和焊接两种方法，而铝质车身的构件大部分是通过粘接或粘接和铆接同时使用的方式连接在一起的。所以，更换铝质板件应严格按照厂家的技术要求，选用原厂提供的零部件或总成，正确选择切割位置和连接方式。在进行钢板修复时，常用的连接方式可分为平接、插入件平接和搭接三种方式，在更换铝质板件时，这三种方式同样适用。目前只是少数厂家采用平接方式，多数厂家采用插入件平接和搭接的方法连接铝质板件。在采用搭接方式更换板件时，有时为获得足够的强度和满意的视觉效果，尤其是对某些不适合采用插入件平接的部位，可采用厂家提供并已预先处理的零部件进行搭接。进行插入件平接时（如纵梁的梁头、下边梁、门立柱），一般采用以下两种方法。

第一种方法：分离板件后，将插入件（厂家提供或自制）轻轻敲入，再对更换部件精确定位，在切割线的两侧钻出与铆钉相匹配的孔，然后将插入件取出，在去除毛刺、清洁、除湿等操作后，使用特制胶枪在外侧均匀涂抹专用粘接剂，再次将插入件放入，测量无误后把专用铆钉装进已经打好的孔中进行拉铆。

第二种方法：在准备切割的直线上等距钻出铆钉的备用孔，沿此直线进行切割分离板件。将插入件放入并与所要更换的板件进行定位，在已经钻好的位置进行重新钻孔，将插入件取出，做好以上准备工作后打胶，再次将插入件放入，定位后拉铆。

③ 相对于钢板修复，铝质车身板件更换的定位工作显得更为重要。铝质车身粘接部位的粘接胶需要较长的固化时间，为防止粘接胶固化后使车身尺寸产生位移或变动，测量后必须使用定位夹或通用夹具对更换部件进行定位。

在铝质车身修复过程中，还有很多注意事项应该引起足够的重视，如铝质车身上的一些特殊颜色的螺栓，拆装后应按照厂家的要求进行更换，绝不可重复使用；在进行板件更换时，还应对粘接胶及各种专用工具的性能、注意事项和使用方法做全面的了解。总之，从事铝质车身修复操作必须按照有关操作规范进行，只有这样才能保证铝质车身的最终修复质量。

◆ 七、塑料件损坏的修复 ◆

1. 塑料件的热校正

大多数汽车的车身塑料件都具有良好的弹性和柔性，当受到冲击、挤压等机械损伤时，一般都会以弯曲、扭曲或弯扭变形共存的综合变形出现，对变形的热塑性塑料，可采用热校正的方法使变形得到恢复。

车身防撞条、前格栅、仪表板、电气操纵箱等用丙烯腈-丁二烯-苯乙烯共聚物制成的ABS塑料，具有强度高、成型性好和二次加工容易等特点，这种材料变形时都可通过热校正修复制件。

对热塑性塑料件进行热校正时，先将变形的塑料件在50℃左右的温度下加热一定时间，当塑料件趋于软化后用手将变形处恢复原状。对局部小范围变形，可用热风枪对变形部位进行加热来校正，如图6-12所示。

如果变形较大应使用红外线烘干灯加热变形部位。红外线灯加热效率高、升温快，当塑料件稍有变软时，立即对变形部位进行按压校正。如果变形面积较大，为了获得良好的外观，可以借助辅助工具如光滑的木板等。使用红外线烘干灯时要注意控制塑料件的受热温度，一般应以50～60℃最好，最高温度

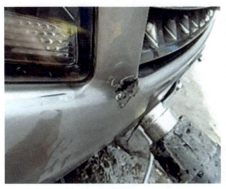 

(a) 加热损坏部位　　　　　　　　(b) 校正损坏部位

图6-12　对热塑性塑料件进行热校正

不能超过70℃，避免产生永久性变形。完成校正后，应在原处慢慢恢复到常温状态。不要采用强制冷却或过早移动的方式，避免构件发生整体变形。

2. 塑料焊枪焊接

塑料焊接时塑料焊条只在表面软化，芯部仍维持原状。焊接完毕后焊条的形状没有多大变化。塑料焊接时，在对焊件和焊条加热的同时，向焊条施加压力，使焊条进入焊区并形成永久结合。塑料在焊接时只是焊缝两侧有熔流带，中部与焊条原有形状一致。使用塑料焊枪，应严格按使用说明书正确操作，以免不当操作造成塑料焊枪的损坏。塑料焊枪的使用方法大致如下。

① 把塑料焊枪的焊接温度调节至适当值，如图6-13所示。

图6-13　焊接温度调节

② 用砂轮机将塑料保险杠裂缝的漆层打磨干净，如图6-14所示。
③ 用塑料焊枪沿着塑料保险杠的裂缝位置修整成V形坡口，如图6-15所示。

图6-14 漆层打磨干净

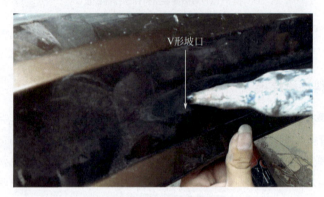

图6-15 修整成V形坡口

④ 如图6-16所示,将塑料焊条垂直于塑料钣金件,焊条置于焊缝起点,同时将焊条压进焊缝中,通过加热量来焊接保险杠。用同样的方法进行焊接,直到焊接结束。

图6-16 焊接保险杠

⑤ 当焊接结束后，用塑料焊枪将起点和终点的焊接修整平整，如图6-17所示。

图6-17　用塑料焊枪将起点修整平整

⑥ 焊接后冷却固化30min左右，然后用砂轮机将焊条打磨平整，如图6-18所示。

图6-18　将焊条打磨平整

⑦ 如图6-19所示，用打磨机再次将焊接部位打磨光滑。

图6-19　再次用打磨机打磨光滑

⑧ 如图6-20所示，用砂纸将焊接部位磨出羽状边，为刮原子灰做准备。

图6-20 磨出羽状边

事故车钣金件的更换

一、侧围板的更换

侧围板是一个整体的大型冲压件，侧围板总成与前后风窗上横梁及地板总成、前围总成相连接后构成了一个座舱骨架。侧围板的更换如图6-21所示。

更换侧围板涉及很多钣金件，工艺要求也高，因此必须认真操作，具体的操作步骤如下。

① 去除与侧围板相连接部位的焊点。

② 卸下侧围板。

③ 用砂轮机清理干净焊接部位的焊痕，校正焊接部位。

④ 对焊接部位进行防腐处理。

⑤ 在前围、后窗、后轮罩等部位涂刷密封胶或安装门封条，并将换上的侧围板进行定位。

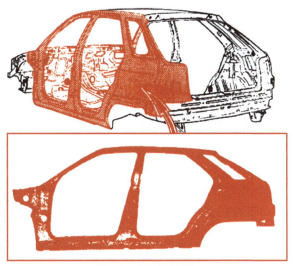

图6-21 侧围板的更换

⑥ 在侧围板接合处涂上密封胶。
⑦ 对侧围板进行焊接。
⑧ 焊上车门铰链。
⑨ 对换上的新侧围板进行防腐处理。

二、前支柱的更换

前支柱包括内支板。损坏时，可根据损坏程度进行整个更换或局部更换。前支柱的更换如图6-22所示。

① 拆卸前门板及翼子板。
② 确定更换长度。
③ 用砂轮机或錾子去除前支柱的连接焊点。

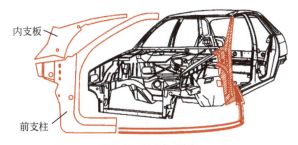

图6-22 前支柱的更换

④ 截取相应长度的前支柱和内支板。

⑤ 清理连接接口和焊痕。

⑥ 将换上的内支板及前支柱进行定位，然后用二氧化碳保护焊进行焊接，最后进行防腐处理。

三、中支柱的更换

中支柱包括中支柱内支板和中支柱外板。损坏时，可根据损坏程度进行整个更换或局部更换。中支柱的更换如图6-23所示。

① 拆卸中支柱。

② 确定更换长度。

③ 用砂轮机或錾子去除中支柱的连接焊点。

④ 截取相应长度的中支柱内支板和中支柱外板。

⑤ 清理连接接口和焊痕。

⑥ 将换上的中支柱内支板和中支柱外板进行定位，然后用二氧化碳保护焊进行焊接，最后进行防腐处理。

图6-23 中支柱的更换

四、后侧围板的更换

后侧围板一般以总成形式进行更换，后侧围板的更换工序如下。

① 拆卸车门。

② 按照更换总成的尺寸，在车身上划出截取的尺寸。

③ 去除后侧围板的焊点，然后拆下损坏的后侧围板。

④ 用砂轮机清理干净焊痕。

⑤ 将换上的后侧围板进行定位。定位前应粘接内侧的密封防振条，如图6-24所示。

图6-24 更换后侧围板

⑥ 用二氧化碳保护焊进行焊接，如图6-25所示。
⑦ 用砂轮机修整焊缝，如图6-26所示。
⑧ 进行防腐处理。

图6-25　焊接后侧围板

图6-26　用砂轮机修整焊缝

五、门槛板的更换

门槛板包括加强内板和门槛外板，其更换如图6-27所示。
① 拆卸车门。
② 按更换新件的尺寸划线，割去内、外门槛板。
③ 清理焊接部位，并进行防腐处理。
④ 焊上加强内板。
⑤ 覆上门槛外板，进行定位。
⑥ 用二氧化碳保护焊进行焊接。
⑦ 用砂轮机修整焊缝，并进行防腐处理。

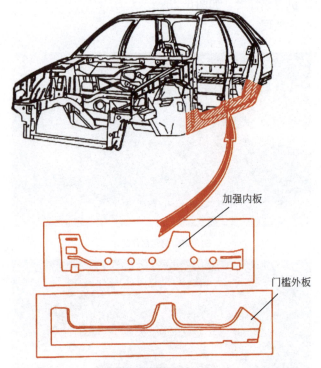

(a) 更换门槛板的示意

(b) 更换门槛板的实物

图6-27 门槛板的更换

项目十八 事故车前纵梁的更换

一、部分前纵梁的更换

根据前纵梁的损坏程度,确定其整体更换还是部分更换,更换工序如下。

① 用砂轮或平头钻除去应切割部分的前纵梁与翼子板连接的焊点,如图6-28所示。

② 确定前纵梁更换的长度后,截去纵梁的损坏部分。

③ 对换上的前纵梁按前纵梁截去的长度,预留20mm焊接长度。

④ 对焊接部位进行清理除锈。

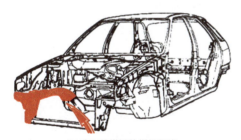

(a) 确定前纵梁的损坏程度

(b) 截去前纵梁的损坏部分

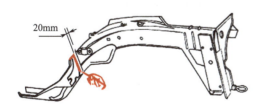

(c) 截去前纵梁多余的部分

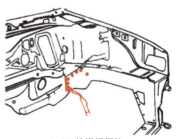

(d) 前纵梁焊接

图6-28 部分前纵梁的更换

⑤ 在前纵梁对接处，可用相同厚度的钢板制作一个加强板覆盖在连接处，以提高纵梁的强度。

⑥ 将前纵梁在车身中进行正确定位，然后用点焊方法焊接前纵梁与翼子板。

⑦ 对前纵梁焊接处进行修整并用胶枪打完胶之后，用刷子将密封胶涂抹平整即可完成防腐处理，如图6-29所示。

图6-29 前纵梁防腐处理

◆ 二、前纵梁和轮罩的更换 ◆

根据前纵梁和轮罩的损坏程度，既可整个更换，也可局部更换。整个更换时，可从前纵梁和前围板和底板处进行分割。局部更换时，可按损坏部位的长度进行切割后，再进行焊接。如图6-30所示为前纵梁和轮罩的更换，具体工序如下。

① 用砂轮机或平头钻去除外覆板、轮罩与前纵梁的连接焊点，取下外覆板、轮罩。

② 去除前纵梁与底板的连接焊点，使其脱离。

③ 根据前纵梁损坏程度，整体切除或部分切除前纵梁。

④ 清理原连接部位的接口、焊缝，必要时进行防腐处理。

⑤ 在车身校正平台上对车身和新换的前纵梁进行定位。

⑥ 用二氧化碳保护焊进行焊接。

⑦ 用砂轮机修整焊缝，并进行防腐处理。

第六章 车身结构件及
事故车的修复

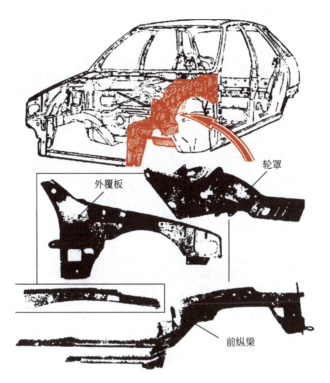

图6-30 前纵梁和轮罩的更换

chapter
seven

| 第七章 |

汽车喷涂

项目十九 汽车喷涂前施工

一、车身金属表面的处理

1. 金属表面清除旧漆

1 手工清除旧漆 手工清除旧漆主要是将铲刀的刀尖部插入剥离层间或缝隙处，然后一块一块地铲掉旧漆膜。对于一些比较难剥离的旧漆，可以使用氧-乙炔火焰加热，然后一块一块地铲掉旧漆膜，如图7-1所示。

图7-1 铲掉旧漆膜

2 打磨机清除旧漆 打磨机清除旧漆就是采用打磨机来使小面积的旧漆膜剥离。打磨机在剥离涂膜作业时，如果使用的是硬的打磨头，要保持与涂膜表面相平行，否则会在金属表面留下划痕；如果采用的是柔性打磨头，与涂膜表面的接触应采用如图7-2所示的方式。打磨机清除旧漆方法如下。

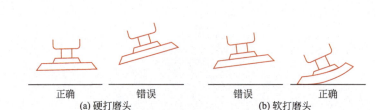

图7-2 硬性磨头与软性的正确使用

① 做好个人安全防护并确保打磨机是安全可靠的。

② 轻轻地摸一遍待打磨表面,这样有助于钣金工决定如何进行打磨。

③ 握紧打磨机,打开开关并将其以5°~10°角移向待清除钣金件表面,如图7-3所示。

图7-3 打磨机操作

④ 使打磨机向右移动,打磨机叶轮左上方的1/4对准加工钣金件表面。

⑤ 当打磨机从右向左移动时,叶轮右上方的1/4对准加工钣金件表面。

⑥ 对于较小的凹穴处打磨移动方式,如图7-4所示。

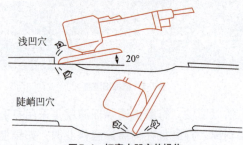

图7-4 打磨小凹穴的操作

⑦ 边缘的表面打磨移动方式,如图7-5所示。

⑧ 打磨后检查磨料是否清洁,这是保证打磨效果最有效的办法。如果磨料

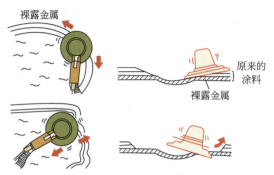

图7-5 打磨边缘的操作

被塑料密封胶粘贴,则应该及时用毛刷、钢丝刷或压缩空气进行清理,如图7-6所示。

图7-6 压缩空气进行清理

2. 金属表面除锈

1. **手工除锈法** 手工除锈主要依赖于铲刀、刮刀、钣金锤、钢丝刷、砂布、断锯条等工具,靠手工敲、铲、刮、刷或柔性挫的方法来消除表面锈垢、氧化层等。这是传统除锈方法,也是最简便的方法。但是由于劳动强度过大、工作效率低,只能适用小范围的除锈处理。

2. **机械除锈法** 机械除锈主要是利用一些电动或风动工具来达到清除铁锈的目的。常用的电动工具如电动刷、电动角磨机,风动工具如风动刷等。电动刷和风动刷是利用特制圆形钢丝刷的转动,靠冲击和摩擦把铁锈或氧化皮清除干净,特别适宜于表面浮锈,但对较深锈斑很难除去。

图7-7 机械除锈法

如图7-7所示,电动角磨机实际是手提砂轮机,它是利用砂轮的高速旋转除去铁锈,并能用作机械脱漆,效果较好。特别对较深的锈斑,具有工作效率高、施工质量较好、使用方便等优点,是一种理想的除锈工具。但操作中须注意,不要把钣金件磨穿。

3 **化学除锈** 化学除锈是利用酸性溶液与铁锈(金属氧化物)发生氧化反应生成盐类,使锈垢、氧化皮等溶解或脱落。常用的酸性溶液有硫酸、盐酸、硝酸等,酸液配制成质量分数约为30%(注意在稀释浓硫酸时,应缓慢地把硫酸倒入水中,因硫酸溶于水中时起放热反应,必须不断地搅拌,切勿相反操作,以免引起爆炸,硫酸飞溅伤人)。目前应用较广的是浸泡酸洗,部件在酸液中经过浸泡除锈以后,再经冷热水冲洗,并用弱碱溶液(如质量分数为5%~10%的氢氧化钠溶液)中和,再用水冲洗并擦干、烘干,以防很快生锈。

化学除锈一般不用于局部作业,正常情况下只有零部件整体需要进行除锈时,才能使用此法。另外,经化学除锈的部件表面需要经粗糙处理或磷化处理,以增加金属钣金件表面与底漆的附着力。

4 **火焰除锈** 如图7-8所示,火焰除锈是利用气焊枪,对少量手工难以清除较深的锈蚀锈斑进行烧红,让高温使铁锈的氧化物改变化学成分而达到除锈的目的。此法目前很少使用,操作时必须注意不要让金属表面烧穿,以防止大面积处理时受热变形。

图7-8　火焰除锈操作

二、车身塑料表面的处理

1. 塑料表面的处理知识

汽车塑料件通常分为硬塑料（刚性塑料）和软塑料（半刚性塑料）。汽车制造厂提供的塑料备件，有的已经涂过底漆，有的未涂底漆。对于后者，应使用专门的塑料底漆、底漆密封剂或乙烯清漆来提高涂层的附着力。汽车塑料件的喷涂前处理主要是用面漆的稀释剂或推荐的溶剂彻底清洗塑料件，要用中性洗涤剂，并将零件用清水洗净擦干。对需要喷涂底色漆的部位用400号砂纸打磨，要喷涂透明清漆的混涂区域用600号或更细的砂纸打磨，并用表面清洁剂擦净。

2. 硬塑料件的表面处理

对于未涂底漆的硬塑料零部件处理，如图7-9所示。具体步骤如下。

① 用干净的抹布蘸上酒精擦拭其表面。

② 用去蜡、去油脂清洗剂彻底清洗表面。

③ 打磨已暴露出来的玻璃纤维，手磨时，使用220号或280号砂纸；用磨光机打磨时，用80～120号砂纸。

④ 用干净的布重新擦干净表面。

⑤ 如果有需要填平的焊缝、气穴，应在整个表面上涂一层车身填充剂，干燥之后，再打磨、清洁，最后再涂一层保护层或两层环氧铬酸盐涂料。

⑥ 按照包装上的说明，将腻子涂在表面上，干燥之后用细砂纸磨光，用压缩空气吹除灰尘，用黏性抹布擦拭干净。

⑦ 准备涂面漆。

3. 软塑料件的表面处理

对于未涂底漆的软塑料零部件处理步骤如下。

① 用一块在水中浸湿的布蘸上去蜡、去油脂和除硅清洗剂清洁整个表面，并擦干。

② 用320号砂纸打磨划伤处和用填充剂修补过的表面，吹除灰尘，并用黏性抹布擦拭干净。

③ 调配并涂覆四层中等干燥的软性原子灰，让表面干燥至少1h，然后用400号砂纸进行打磨，清除所有光泽。

④ 准备喷面漆。

图7-9　磨光机打磨

项目二十

涂料与色漆的调配

一、涂料的调配

1. 底漆调配

在使用时需要按照油漆生产厂商提供的说明，按照正确的比例加入配套的固化剂，再根据环境温度的不同加入稀释剂，以达到要求的油漆调配黏度。

1 底漆调配用工具　底漆调配常用的工具有黏度计、比例尺、调漆杯、过滤器等。

2 底漆调配步骤

① 核对油漆的类型、名称、型号及品种应与所选的油漆完全相符。开盖

前摇晃,使油漆均匀。

② 开盖后检查油漆是否变质,若变质,应进行更换处理。

③ 按油漆生产厂商要求的比例,根据油漆使用量先添加油漆,然后是固化剂,最后添加稀释剂,如图7-10所示。

④ 用比例尺搅拌均匀,调整好黏度,一般黏度调整到16 ~ 20Pa·s。通常的做法是将油漆和固化剂调配好之后,再加入稀释剂调整黏度。

⑤ 过滤油漆。如图7-11所示,选取180号的涂料过滤网进行涂料的过滤,倒入喷枪。

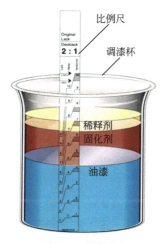

图7-10 底漆调配

图7-11 过滤油漆

2. 原子灰调配

 取原子灰

① 如图7-12所示为原子灰和固化剂。原子灰装在罐中的时候与固化剂分离,由于原子灰不可以在这种分离的形态使用,故需要进行调配。

② 将适量的原子灰基料放在混合板上,然后按规定的混合比添加一定量的固化剂,如图7-13所示。

③ 将原子灰主剂和固化剂采用不同的颜色相区别(图7-13),通过其混合后的颜色来判断其混合比。

④ 原子灰主剂与固化剂调和时,固化剂的允许量有一定范围,可以随气温的变化以适当调整,具体数值应以产品说明书为准。

注意:一般原子灰:固化剂比例为=100:2(质量比),气温越低固化剂用量越多,但一般不应大于100:3。

(a) 原子灰

(b) 固化剂

图 7-12　原子灰和固化剂

图 7-13　取出原子灰与固化剂

2 **搅拌原子灰与固化剂**　其过程如图 7-14 所示，具体方法如下。

① 用刮刀的尖端盛起固化剂，将其均匀散布在原子灰基料的整个表面上。

② 抓住刮刀，轻轻提起其端头，再将它滑入原子灰下面，然后将它向混合板的左侧提起。

③ 在刮刀盛起大约 1/3 原子灰以后，利用刮刀右边为支点，将刮刀翻转。

④ 将刮刀基本上与混合板持平，并将它向下压。一定要将刮刀在混合板上刮削，不要让原子灰留在刮刀上。

⑤ 拿住刮刀，稍稍提起其端头，并且将在混合板上混合的原子灰全部舀起。

⑥ 将原子灰翻身，翻身时将原子灰向上朝混合板的顶部移动。在原子灰延展至混合板的边缘时，盛起全部原子灰，并且将它向混合板的底部翻转。

3 **重复搅拌原子灰**　如图 7-15 所示，重复搅拌原子灰直到将原子灰充分搅拌均匀。

图 7-14　搅拌原子灰与固化剂过程

图 7-15　重复搅拌原子灰

二、色漆的调配

1. 手工调色方法与技巧

① 调色之前的准备工作

① 准确掌握车身颜色标识牌所表示的颜色代码。
② 调漆前色母要彻底搅拌均匀,特别是银粉、珍珠及含无机颜料的色母。
③ 根据遮盖力不同,所有的色母可以分成三大类。
a. 遮盖力好的色母:银粉、白色、黑色、中黄、柠檬黄、橙红、砖红、泥黄。
b. 遮盖力较差的色母:珍珠、艳红、通黄、蓝黑、鲜红。
c. 透明色母:透明红、蓝色、绿色、紫色、透明黄、透明金黄、透明铁红、透明铁黄。此类颜色遮盖力差,但着色力很强,只要添加少量的黑色、白色色母遮盖力会非常好。
④ 对于所有实色漆,用调油尺拉起油漆即可与原色板进行颜色对比,主要是正面吻合,比较容易调准。

② 调色的基本流程 以调整奔驰735油漆1000g为例,调色的基本流程如图7-16所示。

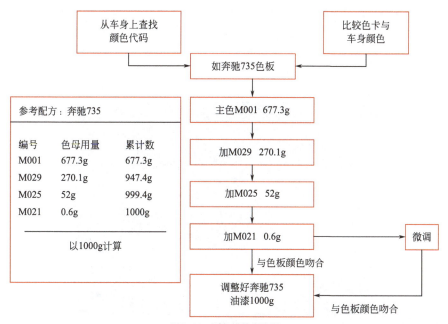

图7-16 调色的基本流程

3 手工调色的步骤与方法

1）**测定颜色** 首先找到与车身颜色一致的色卡,然后用色卡与车身颜色（或车身的部件,如车门把手,如图7-17所示）对照以便准确确定色卡。有些色卡背面提供原厂参考调色配方,但有些需要根据色谱与参考调色配方,结合实际需要写出实际调色配方（一定要准确选择色母）。

图7-17 车门把手

2）**取色母** 当确认调色配方后进行调色,所有色母或定色成品漆倒入置于电子秤上的洁净容器中,记录油漆的重量（记住：将空容器置于电子秤上之后,一定要复位到0,然后再添加色母）。但是对于有经验的调漆技术人员,他们添加色母的量会根据调配的量就能够掌握,如图7-18所示。

图7-18 取色母

3）进行调整　如图7-19所示，根据调色配方加入所需色母并搅拌均匀，由于每个人对需要调整的颜色有不同的认识，因此，建议从自己觉得差异最大的颜色属性开始进行调色漆。

图7-19　搅拌均匀色母

4）进行微调

① 当调出色漆颜色与原色吻合度达到90%左右时，用比例尺盛起来一小部分色漆，然后将其与车身的原漆进行对比，确定是否一致，如图7-20所示。

图7-20　进行比色

② 如果不一致则添加少量的色母进行继续微调，如图7-21所示。

注意：每次微调只能添加少量的色母（不超过原配方中用量的1%～5%）；每次微调只能使用一种色母；记录每次添加色母的用量，形成自己掌握运用的配方。

图7-21 进行继续微调

5）试喷 当调出色漆颜色与原车色板吻合度时，喷涂小色板与原色板做比较，主要操作如下。

① 如图7-22所示，用一块小铁板进行试喷，并达到完全遮盖，要特别注意气压和溶剂用量，有时通过调整气压或溶剂就可以获得非常接近于原色板的颜色。

② 原色板如果是双工序工艺，则需要罩光，最好在小色板上喷涂清漆，在色板底部用胶带留出约3cm不喷清漆，以便进行两种效果颜色比较，以喷清漆的实际效果为准。

③ 调实色漆时，喷板前调浅一点。调银粉、珍珠漆时则比原色板要稍深

图7-22 进行试喷

一点，这样喷出来的效果才能与原色板吻合，这种深浅度要反复实践，摸索才能熟练掌握。

④ 喷板时，要先雾喷两次，相隔15min或吹干后，再湿喷一次，喷素色漆，每次不可喷太厚。

6）重新测定颜色　如图7-23所示，重新测定颜色，如需要再做进一步的微调，则要确定调整哪一个属性，如色相、色度还是色品；如果颜色已经吻合，准确记录调色配方，并保留喷涂好的色板以供以后参考使用。

图7-23　重新测定颜色

7）整理并清洁调漆车间　色漆调整完成后，整理并清洁调漆车间。

2. 电脑调色知识

> 1　电脑调色的基本原理　在电脑调色的工作中，电脑实际上就是一个色漆配方的资料库，储存了各种色漆的标准配方。各种色漆均由数码进行标记，不仅复色漆由数码标记，而且单色漆也由数码标记。色漆品种数量达数千种规格，完全能满足汽车制造和车身修复的使用。

有的轿车的车身面漆在一定部位涂有漆的标号，如果修理厂有同样标号的色漆，那就可以直接选用；若没有时，就可将此标号输入电脑，从显示器上就可显示出此种标号复色漆组成的各单色漆的组分及重量。按其组分及重量进行调配，就可得出所需要标号的色漆。

> 2　电脑调色的特点

① 电脑调色不仅将复杂的调漆工作变得既简单又准确，而且速度快、效

率高，为汽车面漆修补节约了时间，提高了面漆的修补质量。

② 采用电脑调色，必须储备有一定量的各种规格品种的色漆配方与色号，如数量和品种规格不足，则很难按要求准确地配出所需用的色漆。

③ 采购的各种数码色漆，必须严格保证质量，若单色漆质量不佳，就不可能调配出所需的高质量的复色漆。

④ 单色漆应按色漆的品种、数码标号规律进行储存，以防出错。

⑤ 所用色漆的品种规格虽然繁多，但对每一种色漆而言，数量较少，这是因为维修涂装不同于批量生产制造。

⑥ 调漆的质量不是取决于电脑，而是取决于电脑调色的调漆技师。

⑦ 无标准色号的色漆不适于用电脑调色。

3 电脑调色的方法

① 首先选出与被修复的车身最吻合的色卡。

② 输入色卡编号等信息，然后根据电脑提供的颜色配方选定所需要的漆种。

③ 根据修补面积计算涂料总用量并输入电脑，电脑便会根据配方案给出各种成分的用量。

④ 如图7-24所示，用电子秤量取各种色漆及溶剂，并由混漆机将其调匀。

⑤ 用一块小铁板进行试喷色漆。

⑥ 试喷少量于小铁板上。

⑦ 对照车身颜色，确保准确无误后方可正式调配大量油漆。

图7-24 电脑调色

汽车喷涂施工

一、底漆的施工

1. 喷涂前的准备

1 喷涂前的检查

① 检查全车车身外表有无覆盖遗漏之处。
② 检查有无打磨作业和清扫作业没有进行完备之处。
③ 检查喷枪和干燥设备有无异常。

2 遮蔽车身　根据不同的喷涂部位，不同的喷涂方法，将需要喷涂的部位周围遮蔽好。

3 涂料的准备　按照涂料生产厂商提供的说明及正确的比例加入配套的固化剂，再根据环境温度的不同加入稀释剂，以达到要求的黏度。

2. 底漆的喷涂方法

喷涂底漆层可以使漆膜获得良好的附着力，填平细微的缺陷，对于裸金属还可以起到防腐的作用，是整个涂层的基础。常用的底漆有环氧型底漆和侵蚀性底漆等，根据用途和防腐机理可分为隔绝底漆、磷化底漆和塑料专用底漆等类型。

1 对大面积裸金属钣金件喷涂底漆

① 如图7-25所示，对大面积裸金属钣金件必须进行喷涂底漆，一般进行磷化处理后再喷涂底漆。
② 将打磨完的裸金属钣金件受损面的油脂清洁干净，然后喷涂环氧型底漆，如图7-26所示，最后干燥，达到防锈处理目的。

图 7-25　大面积裸金属钣金件　　　　图 7-26　喷涂环氧型底漆

2 **钣金件结合面喷涂底漆**　如图 7-27 所示，在钣金件的焊接结合面之间喷涂底漆，主要是形成一层防锈保护层，提高焊点周围部位不被锈蚀的能力，保护焊点，保证修复后的车身强度达到原车身的要求。

3 **整形焊接处喷涂底漆**　焊缝、焊点和修复过的金属钣金件表面虽然经过打磨及清洁，仍有无数的氧化物、杂质、水汽等。刮涂原子灰虽然具备防锈功能，但它只能防止外表锈蚀的侵入，起到暂时的封闭作用。只要受到潮湿及其他恶劣环境的影响，会很快显现出缺陷，采用环氧底漆就能够起到有效的防护作用，如图 7-28 所示。

图 7-27　焊接结合面喷涂底漆　　　　图 7-28　整形焊接处喷涂环氧型底漆

4 **钣金件接缝处喷涂底漆**　钣金件接缝处如果没有喷涂底漆，在焊接或搭接的接缝处会因各种杂物，如油类、污水等的侵蚀导致锈蚀，所以必须在钣金件接缝处喷涂底漆，如图 7-29 所示。

图7-29 钣金件接缝处喷涂底漆

5　**对旧涂层喷涂底漆**　旧涂层经过打磨后如果没有裸露出金属底材，可以不喷涂底漆，直接喷涂中涂底漆或施涂原子灰；如果旧涂层打磨后有部分区域露出了金属底材，只要对裸露的金属部位喷涂底漆而不必全面喷涂，对小部分裸露金属的处理也可以适当简化，可以不必喷涂侵蚀性底漆。经过喷涂底漆的部位必须经过打磨后才能喷涂中涂底漆或面漆，打磨时必须将所喷涂的底漆打磨平整、光滑，并打磨出羽状边。

6　**塑料件的底漆喷涂**　塑料件在喷涂时需要使用专用的塑料底漆，首先用塑料专用清洁剂清洁塑料件表面，然后用1.7～1.9mm口径的喷枪喷涂1或2遍，间隔时间5～10min。在塑料底漆未干燥时直接喷涂中涂底漆或面漆其黏附效果会更好，但如果需要刮涂原子灰等，则必须等其完全干燥。

3. 底漆的干燥

车身钣金件底材喷涂无铬环氧底漆后，一般需要自然干燥（20℃左右）时间约30min，或使用短波红外烤灯，保持0.7～0.8m的距离，烘烤约10min（具体的干燥时间应参照生产厂商的要求）。

二、原子灰的施工

1. 原子灰的刮涂

1 刮涂的刮涂方法

1）原子灰填补凹陷　一般左手拿刮灰板，右手拿刮刀，首先取一些调好的原子灰，将刮刀竖起沿着修补部位填补凹陷。

注意：原子灰和修补部位之间不允许有气泡，否则会降低其附着力。

2）竖拉刮原子灰　刮刀倾斜35°～45°将原子灰沿着从上到下的方向刮一遍。每次重叠上一次刮涂面积的1/3，压力不能太大，这次刮涂主要为了将原子灰留在欲修补部位。

3）横拉刮法　如图7-30所示，刮刀和与修补部位夹角呈15°～25°将原子灰沿从右至左的顺序再刮一遍。每次同样重叠上次刮涂面积的1/3，压力可以适当增大。

图7-30　横拉刮法

4）收原子灰　最后绕同一方向沿四周收边并清除多余的原子灰。压力要足够大才可以将修补部位边缘的原子灰收净，但要小心不要破坏已刮涂平整的修补部位。

2 刮涂的注意事项

① 刮刀在刮涂原子灰时仅向某一个方向移动，原子灰高点的中心就有所移动。这种情况很难打磨，所以刮刀在最后一道中必须反向移动以便将原子灰

高点移回中央。

② 新刮的灰层必须比原来的表面高,但最好只略微高一点,若太高则会增加打磨工作量。

③ 新原子灰的刮涂范围必须以打磨时的划痕为限,如果没有原子灰打磨划痕,则不允许刮灰,否则会导致粘不牢。

④ 刮涂原子灰的动作要快,约3min以内要刮完,若时间太长原子灰容易固化,影响刮涂效果。

2. 原子灰的干燥

新刮涂的原子灰会由于其自身的反应热而变热,从而加速固化反应。一般在施涂20～30min以后可打磨。如果气温低或湿度大,原子灰的固化反应速率降低,从而要较长的时间来使原子灰固化。为了加快固化,可以使用烤漆灯、红外线灯或干燥机进行干燥。

1 **烤漆灯加热固化** 使用烤漆灯加热固化,干燥的加热温度应控制在50℃以内,否则原子灰将会分离或龟裂。

2 **红外线灯加热固化** 红外线烤灯使用简便、高效节能,而且是自里向外干燥,大大减少了里干外不干或存在气泡的现象,但要保证原子灰表面温度在80℃以下。

3 **原子灰干燥的判断方法** 确定原子灰是否干燥的方法是用指甲在薄原子灰层表面划一下,如果出现坚硬的白色痕迹就表示原子灰已经固化,可以打磨。

3. 原子灰的打磨

1 **手工打磨原子灰** 手工打磨适用于对小面积原子灰的粗磨,包括大面积细磨,以及有些精细工作如对型线、曲面、转角、圆弧、弯曲部位的修整。手工打磨就是用磨块(木块或橡胶块)上包有100号水砂纸蘸水湿磨或冲水湿磨。手工打磨的步骤如下。

① 选用与磨块大小相配的砂纸或者把砂纸裁剪好,使之与磨块尺寸相配。

② 将砂纸固定在磨块上,把磨块平放在打磨面上,沿磨块的长度方向均匀施加中等程度的压力,不得急于求成而用力过猛,否则原子灰会被磨穿或磨出凹坑。

③ 打磨时磨块做前后往复的摩擦运动，打磨行程为较长的直线。不要使磨块做圆周运动，应始终沿车身外形线方向打磨。

2 机械打磨原子灰　常用的机械打磨机有圆盘式打磨机（图7-31）和往复式打磨机（图7-32）。主要是将没有黏性的砂纸粘贴在打磨机衬盘上。机械打磨的操作方法如下。

① 将砂纸粘贴在打磨机衬盘上。如果用的是自粘贴砂纸片，只要将两者中心对正压紧即可，但在压紧前一定要把中心对准。

② 用双手把持打磨机手柄，先用粗砂纸打磨。当原子灰表面的刮痕基本消除后，应及时更换细砂纸磨至原子灰表面与周围高度相近，以留出足够的手

图7-31　圆盘式打磨机打磨原子灰

图7-32　往复式打磨机打磨原子灰

工细磨余量。机械打磨时，如果出现了结球现象就应及时更换砂纸，否则会堆积在一起划伤表面，并降低磨具的打磨效果。

③ 打磨操作完成后立即把砂纸从衬盘上取下来，否则黏结剂凝固后砂纸与衬盘就会贴得很牢固。一旦粘牢，就要用抹布蘸溶剂将黏结剂溶解，才能取下砂纸。

3 原子灰的打磨注意事项

① 打磨时不能施力过大，应将打磨机轻轻压住，靠旋转力进行打磨。若施力过大，则不能形成平整表面。

② 根据不同的要求，正确选用砂纸粒度。手工打磨板的移动方法和使用打磨机相同。

③ 应在原子灰固化过程中最适宜的时期进行打磨作业。硬度适宜的区间一般为刮涂原子灰后25～70min。

4. 原子灰的修整

原子灰打磨完成后，要检查原子灰表面，若发现有砂纸磨痕、气孔和小的伤痕，应马上修补。因为当喷中涂漆底漆之后再修整的话，往往更麻烦。因此尽可能在该工序使表面平整，消除引起缺陷的原因。但是，如果原子灰的施工非常标准，特别是在刮涂完普通原子灰后，又刮涂了一薄层细原子灰，则打磨后表面将非常平整，几乎不会存在气孔及深度的划痕，则无须涂填眼灰。

1 清除手工打磨砂纸磨痕
修补原子灰或复合油灰表面经打磨后，最后一道工序必须使用细砂纸打磨消除砂纸磨痕，如图7-33所示。

图7-33　清除砂纸磨痕

| 2 | 清除原子灰与旧涂膜的边缘　　使用细砂纸打磨原子灰与旧涂膜的边缘交接处,主要目的是消除砂纸磨痕,防止这些痕迹渗透到涂膜表面。

| 3 | 气孔的修整

① 用原子灰刮刀取少量填眼灰置于原子灰托板上,也可以置于另一个刮刀刀片上,如图7-34所示。填眼灰一般不需要添加固化剂,取出后即可使用。

② 如图7-35所示,刮涂时用小的原子灰刮刀,以刀尖部取很少量的填眼灰,对准气孔及划痕部位,用力将填眼灰压入气孔或划痕内,必要时可填补多次。

图7-34　取少量填眼灰　　　　　　　图7-35　将填眼灰压入气孔或划痕内

③ 填眼灰刮涂后,在自然条件下5~10min即可完全干燥,必要时也可以烘烤。

④ 填眼灰刮涂后,会破坏原来打磨平整的原子灰表面,另外,填眼灰的性能不如原子灰,所以必须将多余的填眼灰完全打磨掉,如图7-36所示。一

图7-36　打磨填眼灰

般采用240～320号砂纸进行湿磨。打磨时要配合磨块,直到孔和划痕外的填眼灰完全被打磨掉为止。

⑤ 清洁干净打磨后的填眼灰表面,准备进入下一个工序操作。

三、中涂底漆的施工

1. 中涂底漆的喷涂

[1] **清洁与遮盖** 先用压缩空气清除表面粉尘。若进行过湿打磨,应做去湿处理,使被喷涂表面干燥。粉尘清除干净后,再用脱脂剂做脱脂处理。如图7-37所示,最后用遮蔽纸遮盖原子灰填补区的四周便可喷涂中涂底漆。

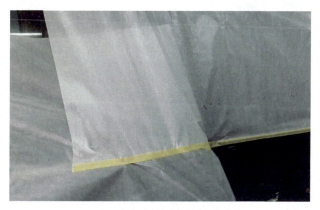

图7-37 车身遮蔽

[2] **准备中涂底漆** 如图7-38所示,调制中涂底漆,但调制好的中涂底漆应在时效期内尽快使用。调制中涂底漆时需要按照油漆生产厂商提供的说明,按照正确的比例加入配套的固化剂,再根据环境温度的不同加入稀释剂,以达到要求的油漆调制黏度。具体调制中涂底漆方法如下。

① 核对油漆的类型、名称、型号及品种应与所选的油漆完全相符。开盖前摇晃,使油漆均匀。

② 开盖后检查油漆是否变质,若变质,应进行更换处理。

③ 按油漆生产厂商要求的比例,根据油漆使用量先添加油漆,然后是固化剂,最后添加稀释剂。

④ 用比例尺搅拌均匀，调整好黏度，一般黏度调整到16～20Pa·s。通常的做法是将油漆和固化剂调配好之后，再加入稀释剂调整黏度。

⑤ 选取180号的过滤网过滤中涂底漆，然后将其倒入喷枪中准备喷涂。

图7-38　调制中涂底漆

3　中涂底漆的喷涂顺序

① 先对修补边缘交界处进行薄薄地喷涂，主要是使旧涂膜与原子灰的交界面融合。

② 待其稍干之后，接着将整个原子灰表面薄薄喷一层，喷涂后形成的表面应平整光滑，取适当的时间间隔，分几次薄薄地喷涂。一般要喷3～4次。每道间隔时间5～10min（常温）。中涂底漆的喷涂结束后将遮蔽纸拆开，中涂底漆表面应基本平整，且光滑，如图7-39所示。

图7-39　中涂底漆的喷涂后的效果

2. 中涂底漆的修整

① 仔细检查中涂底漆表面有无砂纸打磨痕迹、气孔及其他缺陷。若有缺陷，可用硝基类速干原子灰（也称填眼灰）修补，用刮刀薄薄地刮涂（图7-40），不要一次填得过厚，最多只能0.2mm，若一次填不满，间隔5min再填。

图7-40　用刮刀薄薄地刮涂速干原子灰

② 先把砂纸浸入水中，并把打磨表面弄湿。打磨过程中及时给打磨表面加水，防止打磨表面变干。如图7-41所示，打磨时使用600号水砂纸进行手工打磨，并尽可能以旋转方式来减小砂纸痕。先以修补部位为中心，用600号水砂纸将凸出部位磨平，然后用800号或1200号水砂纸将整个表面打磨平整。

图7-41　用水砂纸进行手工打磨

③ 如图7-42所示，右手使用方形磨块配合400号水砂纸，对中涂底漆区域进行水磨操作，左手拿一根小自来水软管加水，双手配合防止打磨表面变

图7-42 用水砂纸打磨中涂底漆区

干。打磨时要一边水磨,一边检查,确保表面变得光滑。

④ 拿开方形磨块,然后用细砂纸将整个中涂底漆区域表面再打磨一次(图7-43),直到将砂纸痕消除为止。

图7-43 再次打磨中涂底漆区域表面

⑤ 使用自来水将中涂底漆区域表面完全清洗干净,然后用棉毛巾擦干车身表面的水分(图7-44),以便下一步喷色漆作业。

图7-44 用棉毛巾擦干车身表面的水分

四、面漆的施工

面漆的施工准备工作有喷漆房的清洁、车身的遮蔽、喷漆表面的除油、喷色漆、喷清漆、喷漆房环境温度的准备和喷枪的使用与调试等内容等工作。

1. 喷漆房的清洁

首先打开喷漆房,然后将喷漆房的墙面和地板的灰尘清洁干净,如图7-45所示。

图7-45 清洁干净喷漆房

2. 车身的遮蔽

① 将汽车驶入喷漆房并将其停稳,然后使用压缩风枪将待喷漆区域的灰尘吹干净,如图7-46所示。

图7-46 吹干净待喷漆区域

② 如图7-47所示，使用遮蔽纸及胶带将喷漆以外的部分遮蔽起来，避免喷漆的时候色漆飞溅在车身的其他表面。

图7-47　车身表面的遮蔽

3. 喷漆表面的除油

① 如图7-48所示，用浸蘸有除油剂的纸巾擦拭一遍车身表面，使表面湿润。

图7-48　喷漆表面的除油

② 在喷色漆之前进行最后一道除尘。用粘尘纸除尘时，轻轻擦拭被喷漆表面的灰尘，如图7-49所示。

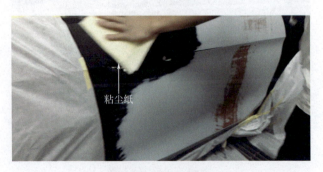

图7-49　用粘尘纸除尘

4. 喷色漆

① 如图7-50所示，将调好色的油漆按所需要的量取出，视需要加入固化剂并充分搅拌，最后再加入稀释剂调整黏度，一般黏度调整到16～20Pa·s。

图7-50　添加固化剂和稀释剂

② 如图7-51所示，选取180号的涂料过滤纸进行色漆的过滤，然后倒入喷枪。最后将喷枪的盖子拧紧，避免喷漆的时候色漆漏出。

图7-51　过滤色漆

③ 如图7-52所示，找到喷漆房的控制面板，然后根据控制面板的功能来调整喷漆房的温度、通风、照明等功能。如打开喷漆房的喷漆开关，喷漆环境的温度一般调整在常温状态（20～25℃）；打开照明开关，喷漆房的灯光变亮等。

图7-52 喷漆房的控制面板

④ 如图7-53所示,调整喷枪的压缩空气压力和雾束的大小,准备喷色漆作业。

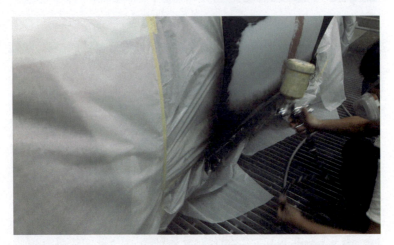

图7-53 调整喷枪

⑤ 如图7-54所示,用200mm的喷漆距离对喷漆表面进行薄喷漆,至漆层有少许光泽时停止喷漆,然后检查漆层表面有无缩孔。

注意:漆层表面如果有缩孔,应提高喷枪压力,用干喷法再喷一次色漆,以便吹除缩孔。

⑥ 第一次喷色漆后,等色漆闪干6~10min,就可以进行第二次喷色漆,如图7-55所示。第二次喷色漆时将出漆量调节旋钮再退出一圈,喷枪距离改为150mm进行喷漆。

图7-54 第一次喷色漆

图7-55 第二次喷色漆

注意:如果第一次没有完全被遮盖,一般情况下只需要重喷暴露的面积。这时要减小喷漆压力和出漆量,喷枪要靠近一些,以防止相邻部位漆膜粗糙。

第二次喷漆要求尽可能喷厚一些,但不能产生流挂。当第二次喷漆干6~10min后才能进行下一步车身喷清漆。

5. 喷清漆

① 如图7-56所示,用量杯或等同的工具量取清漆和干燥速度较慢的稀释剂,然后将它们加入喷枪的涂料过滤纸中。

② 如图7-57所示,用比例尺充分搅拌均匀清漆和稀释剂,黏度调整为14~16Pa·s为合适。将喷枪的盖子拧紧,避免喷漆时候清漆漏出。

③ 适当减小喷枪压力,以与着色喷涂相同的方法进行喷清漆,如图7-58所示。

图 7-56　加入清漆和干燥速度较慢的稀释剂

图 7-57　搅拌清漆和稀释剂

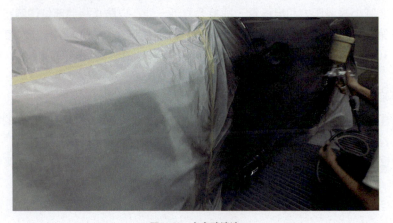

图 7-58　车身喷清漆

④ 如图7-59所示，当车身面漆层的干燥后，车身恢复光泽。最后将遮蔽纸撕开，喷漆完成。

图7-59　车身恢复光泽

面漆喷涂后的修整

一、涂膜小凹坑修复技巧

在面漆喷涂完毕后，涂膜上常常会有个别因喷涂表面清洁不净，留有油渍、汗渍等造成涂膜张力变化而形成的小凹坑，或是清除贴护时造成的小范围涂膜剥落等现象。对这些地方进行补漆操作时，若缺陷位置不明显，一般不需要用喷枪，可使用小毛笔或牙签对凹陷部位进行填补。但如果缺陷部位非常明显或所处位置是车辆极需要涂膜完美的地方，如发动机舱盖或翼子板等，一般多需要采用点修补的方法来修理。而用牙签或小毛笔填补凹陷最好在涂膜未干时操作，如果涂膜已经干燥将会造成填补部位附着不良和颜色的差异。

① 若面漆漆膜已经基本干燥，则需要用清洁剂对需要填补的区域进行清洁。如有必要可用800号以上的细砂纸进行简单水磨（图7-60），但打磨区域切

不可过大，只起提高附着能力的作用即可，然后用清洁剂清洁干净打磨区域。

② 如图7-61所示，用牙签或小毛笔蘸上少许色漆（为保证没有色差，最好用富余的色漆。若为双组分涂料，则必须添加固化剂），并迅速地滴到故障部位（鱼眼）或描绘于需要填补的部位。用另一支小毛笔蘸取少许清漆涂抹在修饰部位，以使修饰部位变得较为平整和光亮。

图7-60 用细砂纸进行简单水磨

图7-61 填补漆膜缺陷

③ 如图7-62所示，待修补的色漆完全干燥后可以涂抹上抛光蜡。

④ 如图7-63所示，启动抛光机对漆面进行抛光，使其色漆恢复原来的光泽。

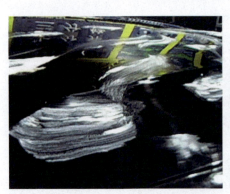

图7-62 涂抹抛光蜡

图7-63 漆面抛光处理

二、涂膜流挂修复技巧

在面漆喷涂完毕后，如果涂膜有流挂的缺陷，可在流挂的缺陷位置用刮刀薄薄地刮涂一层速干原子灰，然后用水砂纸进行水磨，最后进行抛光即可恢复光泽。

第七章　汽车
喷涂

① 如图7-64所示，用刮刀薄薄地刮涂一层速干原子灰（目的是避免用砂纸打磨流挂缺陷时留下砂纸痕），不要一次填得过厚，最多只能0.2mm。

② 用砂纸包住打磨块，然后进行水磨，如图7-65所示。

图7-64　刮涂一层速干原子灰

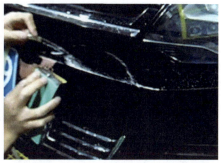
图7-65　进行水磨

③ 继续水磨直到将速干原子灰完全打磨干净为止，然后换用一块细砂纸轻轻打磨一遍，如图7-66所示。

图7-66　用细砂纸轻轻打磨

④ 如图7-67所示，在缺陷表面涂抹少许抛光蜡。

⑤ 如图7-68所示，使抛光机的海绵轮保持与漆面相切，力度适中、速度保持在1800r/min左右进行抛光，抛光直到缺陷位置的漆面恢复光泽为止。

图7-67　涂抹少许抛光蜡

图7-68　抛光缺陷表面

参考文献

[1] 吴兴敏. 汽车车身结构与维修[M]. 西安：西安电子科技大学出版社，2006.

[2] 戴耀辉. 轿车车身修理与涂装技术培训教程[M]. 北京：机械工业出版社，2003.

[3] 张湘衡. 汽车车身碰撞修复[M]. 沈阳：辽宁科学技术出版社，2011.

[4] 杨永海. 汽车车身构造与修复技术[M]. 济南：山东科技出版社，2007.

[5] 尹根雄，等. 汽车油漆调色技术教程[M]. 北京：机械工业出版社，2009.

[6] 冯小青，等. 汽车碰撞钣金修复技巧与实例[M]. 北京：机械工业出版社，2014.